Elger/Schwarz · Neurofinance

Neurofinance

Wie Vertrauen, Angst und Gier Entscheidungen treffen

Prof. Dr. Christian E. Elger

Friedhelm Schwarz

Haufe Mediengruppe
Freiburg · Berlin · München

Bibliographische Information Der Deutschen Bibliothek

Die Deutsche Bibliothek verzeichnet diese Publikation in der Deutschen Nationalbibliographie; detaillierte bibliographische Daten sind im Internet über http://dnb.ddb.de abrufbar.

ISBN: 978-3-448-09323-0   Bestell-Nr. 02033-0001

1. Auflage 2009

© 2009, Rudolf Haufe Verlag GmbH & Co. KG
Niederlassung München
Redaktionsanschrift: Postfach, 82142 Planegg/München
Hausanschrift: Fraunhoferstraße 5, 82152 Planegg/München
Telefon: (089) 895 17-0,
Telefax: (089) 895 17-290
www.haufe.de
online@haufe.de
Produktmanagement: Bettina Noé

Alle Rechte, auch die des auszugsweisen Nachdrucks, der fotomechanischen Wiedergabe (einschließlich Mikrokopie) sowie die Auswertung durch Datenbanken, vorbehalten.

Lektorat und Desktop-Publishing: Helmut Haunreiter, 84533 Marktl
Umschlag: Grafikhaus, 80469 München
Druck: freiburger graphische betriebe, 79108 Freiburg

Zur Herstellung dieses Buches wurde alterungsbeständiges Papier verwendet.

Inhalt

Vorwort	9
Vertrauen, Angst und Gier – die Faszination des großen Geldes	**11**
Der Fall „Bernie" Madoff	12
Warum haben wir aus der Vergangenheit nichts gelernt?	17
Die Wissenschaft entdeckt die Wirtschaft	**23**
Es begann mit der Psychologie der Börse	24
Die Entstehung der Finanzpsychologie in Deutschland	26
Die Blackbox wird geöffnet	**35**
Das Verständnis wächst – doch viele Fragen sind noch offen	36
Das Gehirn leistet Schwerarbeit	40
Geld und Gefühle – was wir aus den Experimenten der Neuroökonomie schließen können	**53**
Gewinne und Verluste machen das Gehirn aktiv	54
Das Diktatorspiel – altruistisches Verhalten	58
Das Ultimatumspiel – Gefühl für Fairness oder Furcht vor Ablehnung	60
Das Vertrauensspiel – Vertrauensmissbrauch oder kooperatives Verhalten	61
Das Gefangenen-Dilemma – Verrat oder Kooperation	63
Das Eisenbahnwaggon-Dilemma	69
Die Börse ist besser als Sex	73
Wie das Geld unser Denken verändert	**75**
Was Geld ist und was es uns bedeutet	76
Menschen sind nicht dafür gemacht, mit Geld umzugehen	82
Die Börse ist wie ein Dschungel	85
Wie die Deutschen mit Geld umgehen	88

Was den richtigen und falschen Umgang mit Geld bestimmt — 93

Die Mehrzahl der Entscheidungen treffen wir unbewusst — 94

Die Regeln der klassischen Ökonomie versagen — 97

Die Neue Erwartenstheorie — 102

Das Dagobert-Duck-Syndrom – warum spart der Mensch? — 109

Geiz ist nicht geil — 110

Kaufen zwischen Freude und Schmerz — 114

Zeitpräferenz: ... lieber jetzt als später — 119

Gier ist nicht gut, aber allgegenwärtig — 127

Wie das Gehirn über Geldanlagen denkt — 133

Wie sich das Vermögen der Deutschen verteilt — 134

Das Eigenheim ist eine besondere Form des Besitzes — 136

Die Erwartungen der Sammler werden oft enttäuscht — 138

Vom Kapitalbesitzer zum Unternehmer — 141

Reich an der Börse – Motive und Fehler — 145

Warum wir immer wieder die falschen Geldentscheidungen treffen — 157

Das Belohnungssystem kann nicht mit Geld umgehen — 158

Angst und Panik führen zu Fehlern - das emotionale System — 162

Unser Verhältnis zum Geld wird in der Kindheit geprägt - das Gedächtnissystem — 166

Die Endkontrolle findet im Entscheidungssystem statt — 168

Warum machen wir eigentlich Schulden? — 171

Beraten und verkauft — 175

Erwartungen wecken – wie Werbung funktioniert — 176

Fehlerhafte Tipps von Finanzberatern sind die Regel — 188

Nur im trüben Teich fängt man Fische — 191

Die eigenen Kontrollmöglichkeiten aktivieren und nutzen 193

Die zentralen Bestimmungsfaktoren – Langfristigkeit und das
wirtschaftliche Umfeld 194

Die sechs neuen Regeln der Neurofinance für den Umgang mit Geld 196

Wie das Gehirn mit Krisenzeiten umgeht 207

Glossar 213

Über die Autoren 216

Quellenverzeichnis 217

Literaturempfehlungen 228

Stichwortverzeichnis 235

Vorwort

In diesem Buch geht es um Geld, Gefühle und um die Frage, wie das Gehirn mit beidem umgeht. Sowohl neurowissenschaftliche als auch ökonomische Abhandlungen gelten gemeinhin als schwere Kost. Doch wir möchten den Leser beruhigen:

Dieses Buch ist leicht zu lesen, es erfordert nur wenig Vorwissen, es ist (hoffentlich) auch unterhaltsam und es bietet nützliche Informationen, die sich auch im Alltag anwenden lassen.

Gerade angesichts der schwierigen Situation, in der sich unsere Wirtschaft als Folge der globalen Finanzkrise des Jahres 2008 befindet, ist es wichtig, sich bewusst zu machen, dass es nicht seelenlose Systeme sind, denen wir ohnmächtig gegenüber stehen, die die Probleme verursacht haben, sondern Menschen, die Entscheidungen trafen. Deshalb befasst sich dieses Buch, zumindest über weite Strecken, damit, wie wir entscheiden, warum wir uns in einer bestimmten Weise entscheiden und welche Fehler hinter vielen Entscheidungen stecken.

Das menschliche Gehirn ist ein soziales Organ, aber kein ökonomisches. Wir können zwar bestimmte abstrakte Probleme rein rational bearbeiten, zum Beispiel mathematische Aufgaben lösen oder physikalische Vorgänge analysieren, doch ab einer bestimmten Komplexitätsstufe versagt unser vernünftiges Denken. Besonders, wenn wir es mit Risiken und Ungewissheiten zu tun haben.

Jeder Mensch benutzt zwar unentwegt sein Gehirn, unabhängig davon, was er gerade tut, ob er wach ist oder schläft, doch die meisten Menschen befassen sich nur höchst selten damit, darüber nachzudenken, wie ihr Gehirn funktioniert und was es gerade tut. Sie trainieren zwar ihre Muskeln, achten auf ihre Ernährung und vielleicht auch auf ihren Blutdruck, ihr Gehirn überlassen sie aber sich selbst.

Auch das so genannte Gehirnjogging trainiert zwar die Merkfähigkeit und das Lösen bestimmter Denksportaufgaben, aber es hilft uns nicht, Unbewusstes ins Bewusstsein zu heben und die Frage zu beantworten, warum wir denken, was wir denken.

Wenn Dr. Eckart von Hirschhausen seinem humorigen Buch den Titel gab „Die Leber wächst mit ihren Aufgaben", so gilt dieser Satz erst recht für das Gehirn. Wir treffen ständig Entscheidungen und suchen dabei stets nach Fakten, die diese verbessern und erfolgreicher machen sollen.

Worauf wir meist verzichten, ist nach innen zu schauen und uns darüber Gedanken zu machen, unter welchen Bedingungen das Gehirn seine Arbeit verrichten muss. Blindes Vertrauen kann ebenso zu fehlerhaften Entscheidungen führen wie panische Angst oder grenzenlose Gier.

Gerade bei ökonomischen und finanziellen Entscheidungen sind wir oft fahrlässig und manchmal sogar sträflich leichtsinnig. Für die Antwort auf die Frage, ob wir nach dem Mittagessen lieber einen Schokoladenpudding oder einen Vanillepudding als Nachspeise essen wollen, verwenden wir oftmals mehr Energie als auf die Frage, ob die Einrichtung eines neuen Tagesgeldkontos wirklich sinnvoll und zweckmäßig ist.

Hier soll nun dieses Buch eine Hilfestellung geben, indem es zeigt, was die Neurowissenschaften über die Funktionsweise des Gehirns im Zusammenhang mit ökonomischen Fragestellungen und ganz speziell über den Umgang mit Geld herausgefunden haben. Wir liefern allerdings weder eine allgemeine Bedienungsanleitung für das Gehirn, noch geben wir Ratschläge, wie Sie schnell reich werden können.

Wir gehen aber davon aus, dass Sie nach der Lektüre dieses Buches in der Lage sind, sich selbst und auch andere Menschen mit einer gewissen Distanz zu betrachten. Sie werden feststellen, dass Sie sich nicht mehr nur auf die zu treffenden Geldentscheidungen konzentrieren, sondern dass Ihnen auch neue Überlegungen durch den Kopf gehen werden, wenn Sie sich die Frage stellen, warum Sie diese Entscheidung und nicht eine andere treffen.

Wir können nur informieren und auf der Grundlage des heutigen Wissens einen ersten Blick ins Gehirn werfen. Denken und entscheiden müssen Sie auch in Zukunft immer noch selbst. Und das ist auch gut so.

Bonn, im Januar 2009

Prof. Dr. Christian E. Elger FRCP

Dipl.-Soz.W. Friedhelm Schwarz

Vertrauen, Angst und Gier – die Faszination des großen Geldes

Was Sie in diesem Kapitel erwartet

Wir zeigen Ihnen, weshalb der Fondsschwindler Bernard Madoff so erfolgreich sein konnte, dass wir aus den vielen Börsencrashs der Geschichte schon so viel hätten lernen können, und dass die Finanzkrisen des 21. Jahrhunderts vermeidbar gewesen wären. Doch offenbar sind die Menschen zu vertrauensselig, zu ängstlich und zu gierig, um der Faszination des großen Geldes nicht immer wieder aufs Neue zu erliegen.

Der Fall „Bernie" Madoff

Am 11. Dezember 2008 morgens um 8.30 Uhr verhafteten die Beamten des FBI Bernard L. Madoff wegen Betrugsverdachts. Er hatte sie in seinem fünf Millionen Dollar teuren Appartement in Manhattans Upper Eastside bereits erwartet.

Eigentlich nahmen die Polizisten an, nur ein Missverständnis aufklären zu müssen, denn der 70-jährige „Bernie" Madoff war nicht irgendwer, kein Börsenhai oder Glücksritter, sondern ein hoch angesehener Makler und Investor an der New Yorker Börse, eine geachtete und respektierte Wallstreet-Legende der alten Schule.

Doch es kam anders als vom FBI erwartet. Madoff gestand sofort. „Es gibt keine Erklärung, die mich unschuldig aussehen lassen könnte. Ich habe Investoren mit Geld bezahlt, das eigentlich gar nicht da war. Es war alles eine große Lüge, faktisch ein Schneeballsystem." Insgesamt handelt es sich um eine Summe von 50 Milliarden Dollar, die rund 8.000 Anleger Madoff anvertraut hatten und von der am Ende wohl nur 200 bis 300 Millionen Dollar übrig geblieben waren.

Es war die Finanzkrise 2008, die Madoffs Pyramidensystem so plötzlich zusammenbrechen ließ. Am Tag vor der Festnahme hatte Madoff seinen beiden Söhnen, die ebenfalls in der Bernard L. Madoff Investment Securities LLC arbeiteten, gestanden, dass Kunden rund sieben Milliarden Dollar aus den von ihm verwalteten Fonds abziehen wollten. Nur war das Geld überhaupt nicht mehr vorhanden. Die Söhne verständigten ihre Anwälte, die dann sofort die Behörden einschalteten.

Wie konnte es überhaupt zu einem so gewaltigen Anlagebetrug kommen? Bis zu seinem überraschenden Geständnis galt Bernard Madoff als einer der angesehensten, erfolgreichsten und wohlhabendsten Geschäftsleute der Wall Street. Er war ein bekannter und großzügiger Philanthrop und Mäzen, und nun sollte er der größte Betrüger sein, den es bisher auf der Welt gegeben hat? Keiner seiner Investoren und auch kaum einer seiner Konkurrenten mochte das zunächst glauben.

Kann Geld eine so unheimliche Macht entfalten, dass ein intelligenter, erfolgreicher und hoch geachteter Mensch jahrzehntelang ein Doppelleben führt, gegenüber dem sich die Geschichte von Dr. Jekyll und Mister Hyde wie ein Kindermärchen ausnimmt? Was bringt ihn dazu?

Bernard Madoff verwirklichte in der ersten Hälfte seines Lebens den amerikanischen Traum, aus eigener Kraft von ganz unten bis nach ganz oben aufzusteigen. Als 22-Jähriger gründete er im Jahr 1960 seine Firma mit 5.000 Dollar Startkapital, das er nach eigenen Angaben in Ferienjobs als Rettungsschwimmer und Installateur für Gartensprinkleranlagen verdient hatte.

Zunächst konzentrierte Madoff sich auf den Aktienhandel, und er gehörte zu den Pionieren, die 1971 die NASDAQ als voll elektronische Handelsplattform gründeten. Viele Jahre gehörte er zu den größten Maklern an dieser Computerbörse und war auch lange Zeit deren Verwaltungsratsvorsitzender. Außerdem saß er in verschiedenen Kongressausschüssen und in den Beratungsgremien der Börsenaufsicht SEC. Doch diese Erfolge reichten ihm nicht.

Als erfolgreicher Börsenhändler konnte man zwar schon sehr viel Geld verdienen, doch die wirklich hohen Renditen ließen sich erst mit der Verwaltung großer Vermögen erzielen, ein Prozent pro Jahr vom eingebrachten Kapital und zwanzig Prozent vom erzielten Gewinn sind die Regel. Also baute Madoff schon in den 1970er-Jahren als zweites Standbein die Vermögensverwaltung und Anlageberatung für wohlhabende Kapitalanleger auf.

Schon bald hatte er sich einen guten Ruf als konservativer Anleger erworben, der für seine Kunden dennoch über Jahre hinweg kontinuierlich Renditen erwirtschaftete, die um die zehn Prozent pro Jahr lagen. Andere Hedgefonds waren weitaus erfolgreicher, manche erzielten Gewinne bis zu 40 Prozent, allerdings nur einmal und nie wieder. Was seine Kunden an Madoff schätzten, war seine solide Beständigkeit. Und genau die irritierte seine Kritiker und Konkurrenten.

Offensichtlich hatten alle Investment-Banker, Fondsverwalter und Vermögensverwalter die Erfahrung gemacht, dass niemand über Jahre hinweg nur Gewinne erzielen kann, sondern auch Verluste hinnehmen muss. Eine Erkenntnis, die sie allerdings mit ihren Kunden nur ungern teilten. Denn wer würde jemandem sein Geld anvertrauen wollen,

Vertrauen, Angst und Gier – die Faszination des großen Geldes

wenn dieser ihn im Ungewissen darüber lässt, ob er nun Gewinne macht oder nur Verluste?

Bernie Madoff hat nie gern über seine Anlagemethoden gesprochen und auch nicht darüber, wo er die anvertrauten Gelder anlegen würde. Er ließ nur immer soviel durchblicken, dass er ungefähr zwanzig Mal pro Jahr das Geld investierte, und wenn er dann einen Wertzuwachs von einem Prozent erzielt hat, wieder aus der Investition aussteigt. So käme er übers Jahr auf kleine, aber konstante Gewinne von zwanzig Mal einem Prozent, wovon dann nach Abzug der Provisionen und Kosten für den Investor rund zehn Prozent übrig blieben.

Diese Strategie, die er „Split-Strike Conversions" nannte, beinhaltete auch noch die Absicherung seiner Investitionen durch Call- und Put-Optionen, die gemeinhin Collar-Strategie genannt wird, mit denen aber seine Konkurrenten nie dieselben Erfolge erzielten wie Madoff selbst.

Das Erstaunliche ist, dass die Kunden Madoffs nicht nur wirtschaftlich unerfahrene Privatleute waren, sondern auch viele große Banken, viele Investmentfonds, auch aus Europa, und selbst Wallstreet-Experten wie Henry Kaufman oder auch die Börsenhändlerin Joyce Greenberg. All diese versierten und erfahrenen Finanzfachleute vertrauten offensichtlich blind darauf, dass Bernie Madoff einfach noch besser und raffinierter mit Geld umgehen konnte als sie selbst.

Auch der Psychologie-Professor Stephen Greenspan aus Denver gehört zu den Madoff-Opfern. Dabei hatte er noch im Dezember 2008, kurz nachdem Madoff aufgeflogen war, sein Buch „Annuals of Gullibility. Why We Get Duped and How to Avoid it" (Annalen der Leichtgläubigkeit. Warum wir uns hereinlegen lassen und wie wir es vermeiden können) eine Kulturgeschichte der menschlichen Naivität veröffentlicht. Doch das hielt ihn offensichtlich nicht davon ab, 400.000 Dollar, ein Drittel seines Vermögens, als Altersvorsorge bei Madoff anzulegen.

Madoff hängte die Latte stets hoch. Ein Investor musste mindestens eine Million Dollar mitbringen, wenn Madoff ihn in den Kreis seiner Kunden aufnehmen sollte. Doch selbst das reichte oft nicht, von manchen forderte er gar zwanzig Millionen. So waren viele Anleger glücklich, auf dem Umweg über so genannte Feeder Fonds wenigstens ein paar hunderttausend Dollar bei ihm unterbringen zu können.

Das galt auch für Greenspan. Er kannte Madoff zwar nicht persönlich, aber er vertraute seinem Fondsmanager, der wiederum Madoff vertraute. Greenspan sieht für sich selbst vier Faktoren, die ihn in die Falle lockten. Einerseits sind Finanzen seine große Schwäche. Er hatte einfach keine Lust, sich Finanzwissen anzueignen, sondern hielt sich für intelligent genug, das menschliche Verhalten einschätzen zu können.

Sein Berater erschien ihm schon allein deshalb als vertrauenswürdig, weil er ihm so hohe Honorare zahlen musste. Natürlich spielte für Greenspan auch der soziale Druck eine Rolle. Andere legten ihr Geld gewinnbringend an, warum nicht er auch? Heute sieht er das als klassischen Fall von Herdentrieb.

Auch seiner Unlust, Kleingedrucktes zu lesen, gibt Greenspan einen Teil der Schuld. Er hält sich auch heute noch nicht für gierig, im Gegenteil sei es ein starkes Sicherheitsbedürfnis gewesen, mit der Rendite dieser Anlage bei Madoff seine Rente absichern zu wollen.

Es war sicherlich sehr wichtig, dass die Madoff-Kunden über die Mund-zu-Mund-Propaganda die Gier der anderen noch anstachelten und so Madoff immer neues, frisches Geld zuführten.

Wer sein Konto auflösen wollte, konnte das jederzeit tun und bekam postwendend seine Millionen Dollar bis auf den letzten Cent zurück. Allerdings machte Madoff seine Kunden darauf aufmerksam, dass sie nicht beliebig bei ihm ein- und aussteigen konnten. Wer einmal sein Geld abgezogen hatte, musste lange warten, bis er es wieder investieren durfte, wenn überhaupt.

Auf diese Weise schürte Madoff bei seinen Kunden die Angst vor Verlust und vor Ausgrenzung, mit der Folge, dass die meisten ihm treu verbunden blieben und sich Jahr für Jahr über die erzielten Gewinne freuten, ohne zu ahnen, dass sie aus der Substanz ihres eigenen Vermögens bezahlt wurden.

Dreh- und Angelpunkt von Madoffs Aktivitäten war der Palm Beach Country Club im Süden Floridas. Um in diesem Club Mitglied werden zu können, musste man nicht nur eine Aufnahmegebühr in Höhe von 250.000 Dollar bezahlen, sondern auch noch den Nachweis über besondere karitative Aktivitäten erbringen.

Kein Wunder also, dass hier die Finanzelite aus Industriellen, Bankern und Anwälten unter sich war und man einander vertraute. Wahrscheinlich ist hier der Schlüssel zu Madoffs jahrzehntelangen Erfolg zu finden und nicht so sehr im Versagen der Aufsichtsorgane.

Doch ist ein Einzelner überhaupt in der Lage, so viele andere Menschen zu manipulieren, dass sie ihm die unfassbare Summe von 50 Milliarden US-Dollar anvertrauen? Oder handelt es sich nicht eher um ein hoch komplexes Geflecht von Interaktionen, das Täter und Opfer nahezu untrennbar miteinander verbindet?

Dass Vertrauen, Angst und Gier aufseiten der Opfer eine wichtige Rolle spielten, ist klar erkennbar. Doch wenn man sich bewusst macht, auf welch differenzierte Weise heute Entscheidungen auf finanzieller Ebene getroffen werden und wie schwierig es wird, manchmal ökonomische von sozialen Strukturen zu unterscheiden, dann wird deutlich, wie komplex der Fall Madoff ist.

Er selbst hat sich offensichtlich niemals als schäbiger Gauner und Betrüger gesehen, der die Gelder von Stiftungen, wie zum Beispiel die von Steven Spielberg oder auch die des Nobelpreisträgers Eli Wiesel, für eigennützige Zwecke missbraucht. Im Übrigen hat Madoff zwar einen Lebensstil gepflegt, der dem seiner Kundschaft angepasst war, aber sich übermäßig bereichert und andere eigennützig ausgeplündert hat er nie.

Tatsächlich enthält der Fall Madoff sogar alle Elemente, die im Bereich Neurofinance relevant sind. Deshalb werden wir im weiteren Verlauf des Buchs immer wieder auf den Fall zurückgreifen. Nicht aus Schadenfreude oder Sensationslust, sondern um am konkreten Beispiel Erkenntnisse zu gewinnen.

Warum haben wir aus der Vergangenheit nichts gelernt?

„Was einen umhaut, ist, wie wenig Menschen lernen", sagt der Nobelpreisträger Daniel Kahneman. Es ging ihm darum, dass die Menschen sich selbst dann nicht ändern, wenn man ihnen die Zusammenhänge ihres Verhaltens vor Augen führt und diese auch in Experimenten immer wieder beweist.

Wahrscheinlich vermuten viele Menschen, dass der „Schwarze Freitag" an der New Yorker Börse im Jahr 1929 mit der darauf folgenden Weltwirtschaftskrise das erste Ereignis dieser Art war und wir bis zur Finanz- und Wirtschaftskrise des Jahres 2008 nichts daraus hätten lernen können, weil ja die Bedingungen in der globalisierten und eng vernetzten Informations- und Kommunikationsgesellschaft ganz andere seien.

Beide Annahmen sind falsch. Denn erstens gab es auch schon früher internationale Finanz- und Wirtschaftskrisen, die aus dem Gedächtnis längst wieder gestrichen worden sind, und zweitens gab es in all diesen Krisen einen konstanten Faktor, dessen Bedeutung wir stets zu relativieren versuchen: den Menschen selbst.

> **Zitat:**
> *„Ich bin sicher, dass der Börsencrash von 1929 noch einmal passieren wird. Alles, was man für einen neuen Zusammenbruch braucht, ist, dass die Erinnerung an diesen Wahnsinn schwächer wird."*
> *John Kenneth Galbraith in seinem Buch „The Great Crash of 1929", erstmals veröffentlicht 1955*

Der Begriff „Börse" wurde zum ersten Mal im Jahr 1409 benutzt, als eine solche Einrichtung nach italienischen Vorbildern in Brügge gegründet wurde. 1540 entstanden dann in Nürnberg und Augsburg die ersten deutschen Börsen und 1585 wurde die Frankfurter Börse gegründet. Allerdings waren all diese Börsen noch in erster Linie Tausch- und Wechselbörsen, der Begriff „Aktie" wurde erstmals 1606 in den Niederlanden erwähnt.

Aktien sollen das Risiko verteilen und große Projekte finanzieren

Die Hauptgründe dafür, ein Instrument wie die Aktie als Unternehmensanteil zu entwickeln, lagen darin, dass ein einzelner Kapitalgeber meist nicht genug Mittel aufbringen konnte, um Bergbauvorhaben oder Handelsreisen zu finanzieren, und dass man auch die damit verbundenen Risiken auf mehrere Schultern verteilen wollte. Diesen ursprünglichen Aspekt scheint man heute allerdings weitgehend aus den Augen verloren zu haben.

Zu einem Spekulationsobjekt wurden Aktien erst nach der Gründung der Holländisch-Ostindischen Kompanie im Jahr 1602. Der Wert einer Aktie dieses Unternehmens lag 1609 bei 3.000 Gulden, das war so viel, dass sich selbst vermögende Kaufleute nur einzelne Aktienanteile leisten konnten.

Als Spekulationspapiere galten die Aktien damals allerdings nicht wie heute im Hinblick auf ihre Kursentwicklung, sondern auf die mit ihnen verbundenen Risiken und Dividenden, die zwischen 25 und 75 Prozent liegen konnten, je nachdem, wie erfolgreich die mitfinanzierte Handelsreise am Ende war. Im ungünstigsten Falle war die Aktie ein Totalverlust.

Auch Tulpenzwiebeln waren schon Spekulationsobjekt

Die ersten echten Spekulationen, die die Erwartenshaltungen und die Gier der anderen Marktteilnehmer ins Kalkül zogen, gab es im Rahmen des „Tulpenwahns" zwischen 1634 und 1636 in den Niederlanden.

Der Preis für Tulpenzwiebeln, aus denen Pflanzen gezogen werden konnten, die durch das richtige Muster und die richtigen Farben ein wertvolles Statussymbol darstellten, hatte sich in dieser Zeit verneunfacht, und jeder, der eine Tulpenzwiebel kaufte, hoffte darauf, dass sie ihm schon kurze Zeit später zu einem viel höheren Preis wieder abgekauft werden würde.

Als es aber hieß, dass der Tulpenzwiebelhandel vonseiten des Staates reglementiert werden sollte, brach der Markt schlagartig zusammen. Die Preise fielen stündlich, und aus Gewinnfantasien wurde wieder das, was die Tulpen zuvor schon gewesen waren, eine Zierde des Gartens und mehr nicht.

Eigentlich hätte dieses Ereignis für alle, dies sich in den kommenden Jahrhunderten ins Börsenfieber stürzten, schon eine nachhaltige Warnung sein müssen. Doch das war nicht der Fall.

Das älteste Buch über die Tricks und den Schwindel im Börsengeschäft hat der Börsenmakler Joseph de La Vega geschrieben. Es stammt aus dem Jahr 1688 und trägt den Titel „Die Verwirrung der Verwirrungen: Vier Dialoge über die Börse in Amsterdam."

Der Lieblingstrick, um die Kurse zu beeinflussen, war zu jener Zeit offensichtlich das Erfinden falscher Nachrichten. Eine Methode, die sich nach den Bekenntnissen von Investment-Bankern aus der Londoner City bis heute bewährt und die aus neurowissenschaftlicher Sicht nichts anderes ist als ein Spiel mit den Erwartungen als Grundlage von Entscheidungen.

„South Sea Bubble", der erste „moderne" Börsencrash

Der erste „moderne" Börsencrash war das Platzen der so genannten „South Sea Bubble", des Südseeschwindels an der Londoner Börse im Jahr 1720. Dieser Crash hatte erstaunlich viel Ähnlichkeit mit dem Zusammenbruch des Neuen Marktes im Jahr 2000.

Die Rolle der Dotcom-Firmen des Neuen Marktes hatten zu jener Zeit ebenfalls Unternehmen, die märchenhafte Gewinne versprachen. Sie heizten die Fantasien der Anleger mit dem Handel von exotischen Produkten und Sklaven, aber auch durch die Entwicklung neuer Technologien wie zum Beispiel zur Verarbeitung von Quecksilber an.

Seinen Namen hat der Crash von der 1711 gegründeten South Sea Trading Company, die von der britischen Regierung das Monopol zum Handel mit großen Teilen Südamerikas einschließlich der bis dahin noch nicht entdeckten Gebiete erhalten hatte. Die erste Handelsreise der Firma im Jahr 1717 war nicht sonderlich erfolgreich. Doch das tat dem in London ausgebrochenem Südseefieber keinen Abbruch.

Die Öffnung dieses neuen Marktes wurde wie eine Lizenz zum Gelddrucken angesehen. Der Kurs der Aktien der South Trading Company mit einem Nennwert von 100 Pfund lag Anfang 1720 schon bei 120 Pfund und stieg dann bis zur Jahresmitte auf 950 Pfund. Inzwischen waren auch zahlreiche andere Firmen mit ähnlichen Geschäftsideen auf den Markt gekommen, die alle von dem Boom profitierten.

Deshalb sah sich die britische Regierung genötigt, im Juni 1720 börsennotierten Unternehmen zu verbieten, außerhalb ihres ursprünglichen Geschäftsfeldes tätig zu werden. Das gab der South Sea Trading Company noch einmal einen zusätzlichen Schub. Allerdings konnte sie immer noch keine Gewinne aus dem Südseehandel vorweisen.

Einige Großaktionäre aus dem Königshaus und aus seinem Umfeld verkauften deshalb ihre Aktien. Nach dem 18. August 1720 fiel der Kurs dann von über 800 Pfund auf 200 und näherte sich im Dezember wieder dem Wert von 100 Pfund. Auch die Kurse der anderen neu gegründeten Aktiengesellschaften wurden dabei mitgerissen.

Es kam in England zu einer allgemeinen Rezession. Der berühmte Physiker Isaac Newton verlor 20.000 Pfund. Seine Schlussfolgerung daraus fasste er in dem berühmten Satz zusammen: „Ich kann die Bahnen der Himmelskörper auf Zentimeter und Sekunden genau berechnen, aber nicht, wohin die verrückte Menge einen Börsenkurs treiben kann".

Boom der Eisenbahnaktien in Deutschland

Den ersten großen Aktienboom in Deutschland gab es in der ersten Hälfte des 19. Jahrhunderts im Zusammenhang mit dem Bau von Eisenbahnen. Die Kurse der Aktien der Eisenbahngesellschaften stiegen in Schwindel erregende Höhen.

Dabei war das breite Publikum weniger an Kursgewinnen, sondern eher an der Dividende interessiert, die zum Beispiel bei der von Nürnberg nach Fürth fahrenden Ludwigs Eisenbahngesellschaft bei 17,25 Prozent lag.

Zwischen 1838 und 1846 wurden in Deutschland über 100 Millionen Taler in den Eisenbahnbau gesteckt, so dass der preußische Staat befürchtete, dass anderen Wirtschaftszweigen dadurch das Kapital entzogen werden würde. Also dachte man über ein Verbot des Baus weiterer Eisenbahnlinien nach, was die Kurse erheblich drückte. Doch das Aktienfieber blieb.

In der Gründerzeit zwischen 1871 und 1873 entstanden in Deutschland 928 Aktiengesellschaften mit einem Gesamtkapital von 2,78 Milliarden Mark. Außerdem wurden in jener Zeit auch noch 107 Aktienbanken mit einem Gesamtkapital von 740 Millionen Mark gegründet, von denen heute „noch" die Deutsche Bank, die Commerzbank und die Dresdner Bank existieren.

Eine der wichtigsten europäischen Börsen in Wien kam im Frühjahr 1873 dann allerdings aufgrund ungünstiger politischer Meldungen ins Stolpern. Die Krise weitete sich auch nach Deutschland aus und am 9. Mai 1873 kam es an den deutschen Börsen zum ersten so genannten „Schwarzen Freitag", der inzwischen vollkommen in Vergessenheit geraten ist.

Insgesamt sank der Kurswert von 444 deutschen Aktiengesellschaften von 4,5 Billionen auf 2,4 Billionen Mark. Von den zwischen 1870 und 1872 gegründeten 107 Aktienbanken waren Ende des Jahres 1873 nur noch 34 im Geschäft. Alle anderen waren pleite. Auch viele der neu gegründeten Firmen mussten liquidiert werden.

Kleinsparer werden vom Aktienmarkt ferngehalten

Als Konsequenz aus diesem Crash beschloss die Regierung des deutschen Reichs 1884 eine Änderung des Aktiengesetzes, um „Kleinsparer vom gefährlichen Börsenspiel" fernzuhalten. Der Mindestnennwert einer Aktie wurde auf 1.000 Mark festgesetzt.

Damit legte man den Grundstein für eine fast 100 Jahre dauernde Aktienabstinenz der einfachen Bürger und des unteren Mittelstands. Man wollte sie vor Verlusten schützen, doch gleichzeitig schnitt man sie auch von Wohlstand durch Vermögenswachstum ab. Die neue Devise für das Bürgertum lautete von jetzt an „Arbeiten und Sparen".

Kernsatz

Weder die privaten und institutionellen Anleger noch die Fonds, Banken und Börsen haben aus der Geschichte gelernt. Offensichtlich ist der Mensch in seinen Geldentscheidungen und seinem Anlageverhalten weitaus weniger lernfähig als auf anderen Gebieten.

Warum haben wir nun tatsächlich nichts aus diesen Ereignissen der Vergangenheit gelernt? Darauf gibt es zwei Antworten. Einerseits verlassen sich die meisten Menschen auf die staatlichen Institutionen, die ihnen versprechen, auf die Ordnung an den Finanzmärkten zu achten und Vertrauen in ihre Kompetenz und Rechtmäßigkeit im Gegenzug von den Bürgern einfordern.

Andererseits sind die meisten Transaktionen an den Finanzmärkten so kompliziert, dass sie selbst von gut ausgebildeten und erfahrenen Bankern nicht mehr nachvollzogen werden können, wenn sie ein bestimmtes Komplexitätsniveau erreicht haben. Doch das ist nur die markt- und finanztechnische Seite des Problems. Die andere Seite ist unter der Schädeldecke der Menschen verborgen.

Zusammenfassung

Ganz offensichtlich ist das menschliche Gehirn nicht in der Lage, zu verstehen, was Geld ist und wie in diesem Zusammenhang andere Menschen und die von ihnen benutzten Systeme tatsächlich funktionieren. Genau diesen Fragestellungen werden wir nun in den kommenden Kapiteln nachgehen.

Die Wissenschaft entdeckt die Wirtschaft

Was Sie in diesem Kapitel erwartet

Sie erfahren, wie sich durch die interdisziplinäre Zusammenarbeit der Psychologie, der experimentellen Verhaltensforschung, der Ökonomie und der Neurowissenschaften zunächst die Finanzpsychologie, die Neuroökonomie und schließlich das neue Forschungsgebiet Neurofinance entwickelt hat.

Die Neurofinance versucht die neuronale Basis für ökonomische Entscheidungen und Verhalten zu entschlüsseln und die Frage zu beantworten, wie Investoren welche Informationen verarbeiten und welchen Einfluss die persönliche Risikowahrnehmung auf den Entscheidungsprozess hat.

Es begann mit der Psychologie der Börse

Parallel zur wachsenden Industriegesellschaft befassten sich zum Ende des 19. Jahrhunderts immer mehr Ökonomen, Sozialwissenschaftler und Psychologen mit den sozialwissenschaftlichen Aspekten wirtschaftlicher Themen und Fragestellungen. Das 1895 erschienene Buch „Psychologie der Massen" des französischen Arztes Gustave Le Bon galt dem bekanntesten Börsenguru Deutschlands André Kostolany auch noch hundert Jahre später als eines der wichtigsten Bücher, um die Bewegungen der Börse besser verstehen zu können.

Auch der französische Jurist, Soziologe und Sozialpsychologe Gabriel Tarde widmete sich in seinem Buch „La Psychologie Économique", erschienen 1902, den Veränderungen der Börse und kam zu dem Ergebnis, dass man sie nur verstehen kann, wenn man die psychologischen Ursachen untersucht, die die Hoffnungen und Enttäuschungen des Publikums betreffen und die Ausbreitung von guten und schlechten Nachrichten berücksichtigt.

Schon 1910 hat der deutsche Betriebswirt Willi Prion in seinem auch heute noch gelesenen Buch „Preisbildung an der Wertpapierbörse" neben den wirtschaftlichen und börsentechnischen Faktoren besonders die persönlichen Motive der Beteiligten, also der Banken, der Spekulanten und der langfristigen Anleger, dargestellt, die auf die Preise einwirken, wobei auch bei ihnen besonders die Presse eine wichtige Rolle spielte.

Auch Prion befasste sich, wie schon einige Jahrhunderte vor ihm De La Vega, mit den Börsentricks. Das Ausstreuen von Nachrichten, Positionsspiele, Kurspflege und Empfehlungen gehörten für ihn zu den selbstverständlichen Instrumenten der Banker.

Im Unterschied dazu sah Prion die Geschäfte der Kleinspekulanten eher durch Gerüchte, Mutmaßungen und kombinierendes Denken bestimmt als durch reale Tatsachen. Dem breiten Publikum stellte er das schlechteste Zeugnis aus. Es galt ihm als leichtsinnig und unerfahren und würde in der Regel immer zu spät handeln.

Ökonomische Handlungen sind nicht logisch

Der bekannte Ökonom Vilfredo Pareto kam 1916 zu der Einsicht, dass die meisten ökonomischen Handlungen in einem objektiven Sinne „nicht logisch" seien. Das betraf sowohl Veränderungen, die vorgenommen wurden wie auch die Neigung, bei einmal getroffenen Entscheidungen zu verharren.

Für den Ökonomen John Maynard Keynes spielten die menschlichen Erwartungen in seiner allgemeinen Theorie eine elementare Rolle, weil die Annahme einer berechenbaren Zukunft zu falschen Deutungen führe und die verborgenen Einflüsse des Zweifels, der Unsicherheit, der Hoffnung und der Furcht verberge.

Die Entstehung der Finanzpsychologie in Deutschland

Durch den zweiten Weltkrieg konnten viele Sozialwissenschaftler ihre Arbeit nicht fortsetzen und die ökonomischen Fragestellungen traten in den Hintergrund. So nahm der deutsche Wirtschaftswissenschaftler und Finanzsoziologe Günter Schmölders seine Lehrtätigkeit erst 1947 in Köln wieder auf, wo er dann das Finanzwissenschaftliche Forschungsinstitut an der Universität Köln gründete und auch finanzpsychologische Aspekte in seine Arbeit einbezog.

1958 gründete Schmölders die Forschungsstelle für empirische Sozialökonomik, die erstmals Theorien über ökonomisch relevantes Verhalten interdisziplinär unter Einbeziehung der Erkenntnisse der Psychologie, Sozialpsychologie und Soziologie überprüfte und analysierte. Damit begründete er die Sozialökonomische Verhaltensforschung als empirische Wissenschaft in Deutschland.

Im Jahr 1966 erschien sein Buch „Psychologie des Geldes". Grundsätzlich nahm Schmölders an, dass es zwischen der Finanzpsychologie und der Geldpsychologie eine Unterscheidung geben sollte, die sich allerdings nicht durchgesetzt hat, so dass sich die Finanzpsychologie zu einer übergreifenden, eigenständigen Unterdisziplin der Psychologie entwickelte, die auch die Psychologie der Börse mit einschließt.

Unterstützt wurde dies durch die wachsende Bedeutung der Behavioral Finance Bewegung. Heute versteht man unter Finanzpsychologie die Wissenschaft vom Erleben und Verhalten von Menschen im Umgang mit Geld oder liquiditätsnahe investierten beziehungsweise aufgenommenen Mitteln.

Die Finanzpsychologie widmet sich also sowohl dem Verhalten vom Klein- und Großaktionären an den Börsen wie auch dem Verhalten von Managern bei Investitionsentscheidungen und der Funktion von Finanzmärkten unter psychologischen Gesichtspunkten. Einer der führenden Finanzpsychologen in Deutschland ist heute Prof. Stefan Schulz-Hardt an der Georg-August-Universität in Göttingen.

Die Notwendigkeit interdisziplinärer Forschung

Zu den Grundlagen der Finanzpsychologie gehören unter anderem die Geldwahrnehmung und die Geldillusion. Die Eigenschaft des menschlichen Gehirns, den nominalen und den realen Wert von Geld nicht sauber voneinander trennen zu können oder gar zu verwechseln, wurde durch zahlreiche Experimente sowohl auf der Ebene der Behavioral Economics als auch der Neuroeconomics nachgewiesen.

Die Neigung des Menschen, in Zahlen anstatt in Werten zu denken, hat gerade im Zusammenhang mit Lohnerhöhungen, Zinsen und inflationären Preissteigerungen eine oft fatale Wirkung. Dies spielt auch bei der Preiswahrnehmung eine Rolle, was ebenfalls in verschiedensten Experimenten nachgewiesen wurde.

Zum Thema der Entscheidungsfindung greift die Finanzpsychologie sowohl auf die Erkenntnisse der klassischen Ökonomie als auch auf die Verhaltensökonomik der Neuroeconomics zurück. Insofern wird deutlich, dass die ursprünglich getrennten Disziplinen der Psychologie, der experimentellen Verhaltensforschung und der Neurowissenschaften immer stärker zusammenwachsen und miteinander verschmelzen.

Es geht also immer stärker darum, nicht aus theoretischen Annahmen Vorhersagen über das zukünftige Verhalten oder über Verhaltensänderungen abzuleiten, sondern aus der Beobachtung des tatsächlichen Verhaltens.

Ein sehr interessanter Aspekt der Finanzpsychologie ist die Beobachtung sozialer Einflüsse auf das Anlegerverhalten, wobei es insbesondere auf die interpersonelle Kommunikation, auf Gruppenprozesse und Medieninformationen ankommt, wie es auch schon Le Bon, Tarde und Prion beobachtet haben.

Die Unterschiede zwischen Groß- und Kleinanlegern

Der amerikanische Wirtschaftspsychologe George Katona wandte sich wie Schmölders in den 1960er Jahren der Finanzpsychologie zu. Er stellte unter anderem fest, dass im Jahr 1962 die Börse nur für Großinvestoren als Barometer für die Wirtschaft galt. Ein Tatbestand, der sich inzwischen überholt haben dürfte. Heute hat man zumindest den Eindruck, dass der DAX an der Frankfurter Börse eine Art wirtschaftliches Fieberthermometer der Bundesrepublik darstellt.

Katona stellte auch fest, dass bei Personen mit großem Vermögen und bei Normalsparern eine ganz unterschiedliche Sichtweise auf finanzielle Dinge vorliegt. Während die Sparer ein größtmögliches Gewicht auf Sicherheit legten, zeigten sich die Vermögensbesitzer inflationsbewusster, ertragsorientierter und steuerbewusster. Sie widmeten der Verwaltung ihres Vermögens mehr Zeit und stellten an sich selbst höhere Anforderungen hinsichtlich der Aktivitäten bei der Vermögensverwaltung.

In einer Studie über Aktienbesitzer aus dem Jahr 1969, die von Merrill Lynch finanziert wurde, kam Katona zu dem Ergebnis, dass die Mehrheit der Aktienbesitzer außerordentlich träge sei. Die meisten kauften auf Empfehlungen von Freunden oder Nachbarn, einerseits ohne recht zu wissen, was sie tun, aber auch noch ohne Absicht, sich besser zu informieren.

Was registriert wurde, waren nur große Auf- und Abschwünge an der Börse, ansonsten beschränkte man sich bei den Kursbewegungen auf simple Erklärungsmodelle, ohne sie weiter zu hinterfragen.

Kernsatz
Wer viel Geld besitzt, denkt anders darüber als der Normalverdiener. Doch er ist nicht unbedingt klüger.

Auch wenn es in der Mitte des 20. Jahrhunderts einzelne wie die oben beschriebenen theoretischen Ansätze und Untersuchungen gab, mit denen sich die Psychologie in die ökonomische Diskussion einmischte, war die psychologische Forschung auf diesem Gebiet doch weitgehend zum Stillstand gekommen.

Das änderte sich erst, als kognitive Psychologen wie Daniel Kahneman und Amos Tversky begannen, Modelle zum Entscheidungsprozess unter Risiko und Unsicherheit zu entwickeln und empirisch zu erforschen.

Die Entstehung der Neuroökonomie

Zu Beginn wurden die Theorien der Behavioral Finance und Behavioral Economics fast ausschließlich durch experimentelle Beobachtungen und Befragungen entwickelt. Dabei lenkte man das Interesse besonders auf irrationale Verhaltensweisen in der Wirtschaft, aber auch auf den Finanz- und Kapitalmärkten. Von da aus war es dann in den folgenden Jahren nur noch ein kleiner Schritt zur Neuroökonomie (Neuroeconomics).

Inzwischen liegen im Bereich der Behavioral Finance und der Behavioral Economics so viele einzelne Ergebnisse aus Experimenten vor, die sich gegenseitig bestätigen oder in verfeinerter Form zur Beantwortung noch speziellerer Einzelfragen vorgenommen worden sind, dass eine auch nur annähernd vollständige Übersicht nicht mehr möglich ist.

Im Bereich der Behavioral Finance geht es dabei oft nicht mehr nur um die Erklärung des irrationalen Verhaltens der verschiedenen Marktteilnehmer, sondern auch um die Ergründung der Ursachen für Marktanomalien, die nicht allein über individuelles Verhalten zu erklären sind.

Die Themen der Behavioral Economics gliedern sich wiederum grob in Heuristiken, systematische Kognitionsprobleme und Anomalien. All diese Überlegungen finden sich dann auch im Rahmen der Neuroeconomics wieder.

Info: Themen der Behavorial Economics

1. Heuristik
   - Prospect Theorie
   - Verlustaversion
   - Tendenz zur Beibehaltung des Status quo
   - Selbstbestätigung
   - Trugschluss des Spielers

2. Systematische Kognitionsprobleme
   - Framing
   - Trägheit gegenüber neuen Informationen
   - Nachahmung
   - Mentale Buchführung
   - Reference utility

3. Anomalien
   - Endowment-Effekt
   - Geldillusion
   - Aversion gegen Ungleichheit
   - Reziprozität
   - Present biased preferences
   - „Bauchgefühl"
   - Behavioral life cycle hypothesis
   - Price stickiness
   - Wertpapieraufschlagrätsel
   - Arbitrage-Grenzen
   - Easterlin-Paradox
   - Momentum-Investments
   - Noise Trading
   - Ellsberg-Paradoxon

Die für das vorliegende Thema interessantesten Aspekte der Behavorial Economics erläutern wir im Folgenden.

Trugschluss des Spielers

Beim Trugschluss des Spielers handelt es sich um einen logischen Denkfehler bei der Einschätzung von Wahrscheinlichkeiten. Er umfasst vier mögliche falsche Vorstellungen:

1. Ein zufälliges Ereignis wird wahrscheinlicher, weil es längere Zeit nicht eingetreten ist.

2. Ein zufälliges Ereignis wird unwahrscheinlicher, weil es längere Zeit nicht eingetreten ist.

3. Ein zufälliges Ereignis wird wahrscheinlicher, weil es gerade schon einmal eingetreten ist.

4. Ein zufälliges Ereignis wird unwahrscheinlicher, weil es gerade schon einmal eingetreten ist.

Diese Fehlschlüsse sind weit verbreitet und können bei jeder Form von Glücksspiel auftreten, beim Lottospiel ebenso wie beim „Spiel" an der Börse. Am einfachsten lassen sie sich am Beispiel des Münzwurfs verdeutlichen. Wenn eine fehlerfreie Münze geworfen wird, stehen die Wahrscheinlichkeiten für „Kopf" und „Zahl" immer 50:50. Das ändert sich auch nicht, wenn vorher vier Mal „Kopf" oder vier Mal „Zahl" erschienen ist. Denn die Münze hat nun einmal kein Gedächtnis.

Mentale Buchführung

Mit mentaler Buchführung wird die Gewohnheit des Menschen bezeichnet, seinen Blickwinkel bezüglich des Geldes zu verändern, wenn sich die Rahmenbedingungen ändern. Wir neigen dazu, Geld in Gedanken verschiedenen „Konten" für verschiedene Lebensbereiche (Unterhaltung, Altersvorsorge usw.) zuzuordnen, und damit entscheiden wir darüber, wie wir es verwenden. Die mentale Buchführung ermöglicht uns im günstigsten Fall, das Erreichen längerfristiger Ziele vor der Erfüllung von attraktiven, kurzfristigen Zielen zu schützen. Im ungünstigsten Fall verschwenden wir unser Geld, weil wir die verschiedenen Konten falsch bewerten.

Easterlin-Paradox

Das Easterlin-Paradox sagt: Solange die Menschen nur mit Not ihre dringendsten Bedürfnisse befriedigen können, macht Geld sie glücklicher. Ist die Not aber gelindert, führt mehr Reichtum nicht zu mehr Glück. Das hat der amerikanische Ökonom Richard Easterlin im Jahr 1974 herausgefunden, als er allgemeine Wirtschaftsdaten mit den Aussagen von Menschen verglich, die er befragte, ob und wie glücklich sie sind.

Wachstum ist nicht gleich Wohlbefinden und mehr Geld macht nicht unbedingt glücklicher, waren seine Ergebnisse. Easterlin fand heraus, dass Geld nur das Maß aller Dinge ist, wenn das Jahreseinkommen unter 10.000 Dollar liegt. In den Entwicklungsländern wächst die Zufriedenheit mit jedem zusätzlichen Dollar Einkommen, was aber nicht unbedingt in den reicheren westlichen Industrieländern gilt. Hier steigert ein höheres individuelles Einkommen das Glücksempfinden nur bis zu bestimmten Grenzen.

Beispiele aus Zeiten starken wirtschaftlichen Wachstums haben gezeigt, dass die Menschen zwar reicher wurden, aber nicht glücklicher. Easterlin erklärt das damit, dass wir uns an die höheren Einkommen gewöhnen. Und entscheidender als die absolute Einkommenshöhe ist das relative Einkommen. Wenn wir sehen, dass unser Nachbar mehr verdient als wir, wird das eigene Glücksempfinden dadurch geschmälert.

Ellsberg-Paradoxon

Das so genannte Ellsberg-Paradoxon gilt für Entscheidungen unter Unsicherheit. Es besagt, dass Menschen, wenn sie sich zwischen den beiden Optionen Risiko oder Ungewissheit entscheiden müssen, eher das Risiko wählen, weil sie davon ausgehen, dass ihnen dabei die Wahrscheinlichkeiten des Eintreffens eines Ereignisses bekannt sind. Dieses hat Daniel Ellsberg in einem Experiment im Jahr 1961 nachgewiesen.

Die Teilnehmer mussten aus einer Urne mit 90 Kugeln, von denen 30 rot waren und die übrigen in unbekannter Verteilung gelb oder schwarz, eine Kugel ziehen und konnten dabei zwischen zwei Wetten wählen. Die Wette A lautete: Das Ziehen einer roten Kugel bedeutete Gewinn, gelb oder schwarz bedeutete Niete. Bei der Wette B bedeutete das Ziehen einer gelben Kugel Gewinn und rot oder schwarz Niete. Hier entschied sich die Mehrzahl der Versuchspersonen für die Wette A.

In der nächsten Runde wurden die Wetten so geändert, dass auch schwarze Kugeln Gewinn bedeuteten. Anschließend mussten die Teilnehmer sich zwischen der Wette C, in der das Ziehen einer roten oder schwarzen Kugel Gewinn bedeutete und gelb Niete, und der Wette D,

in der das Ziehen einer gelben oder schwarzen Kugel Gewinn bedeutete und rot Niete, wählen.

Diesmal entschieden sich die meisten Versuchspersonen für die Wette
D. Das heißt, sie zogen nicht mehr wie in der ersten Runde die rote
Kugel der gelben vor, sondern änderten ihre Meinung. Dabei kam es
doch gar nicht darauf an, wie viele schwarze Kugeln es gab, denn die
schwarze Kugel bedeutete sowohl in Wette C als auch in Wette D Gewinn.

Ellsberg erklärte dieses Ergebnis mit der Unterscheidung zwischen
Risiko und Unsicherheit. Wenn die Menschen sich zwischen zwei Optionen entscheiden müssen, wobei nur bei einer die Wahrscheinlich-
keitsverteilung bekannt ist, entscheiden sie sich für diese Option.

Zusammenfassung

Die Entstehungsgeschichte der Neurofinance begann, als sich zum
Ende des 19. Jahrhunderts auch immer mehr Ökonomen, Sozialwissenschaftler und Psychologen mit den sozialwissenschaftlichen Aspekten wirtschaftlicher Themen und Fragestellungen beschäftigten.

Die Blackbox wird geöffnet

Was Sie in diesem Kapitel erwartet

Sie erfahren, wie der neueste Stand der Hirnforschung ist und wie das Gehirn funktioniert. Es wird das bildgebende Verfahren der funktionellen Magnetresonanztomografie erklärt und was die Hirnforschung zum Thema Lernen und zu den sozialen Funktionen des Gehirns sagt. Außerdem befassen wir uns mit dem Paradigmenwechsel vom Homo oeconomicus zum Homo reciprocans.

Das Verständnis wächst – doch viele Fragen sind noch offen

Die Neuroökonomie und damit auch der Bereich der Neurofinance versuchen, unter Berücksichtigung der Erkenntnisse der Psychologie, der Behavioral Economics und der Behavioral Finance die neuronale Basis für Entscheidungen und Verhalten zu entschlüsseln, wobei sich die Neurofinance auch noch der Frage widmet, wie Investoren welche Informationen verarbeiten und welchen Einfluss die persönliche Risikowahrnehmung auf den Entscheidungsprozess hat.

Inzwischen haben sich theoretische Modelle durchgesetzt, nach denen Entscheidungen und Verhalten das Ergebnis von Interaktionen zwischen unterschiedlichen und oft sogar miteinander in Konflikt stehenden Prozessen sind. Das Gehirn ist also kein homogener Prozessor, sondern integriert je nach Aufgabe beziehungsweise entsprechend der individuellen Interpretation der Aufgabe verschiedenste spezialisierte Abläufe auf unterschiedliche Weise miteinander.

An dieser Stelle erscheint es uns notwendig, dass wir uns zunächst genauer mit einigen grundsätzlichen Ergebnissen der Hirnforschung befassen, bevor wir weiter die ökonomischen Aspekte des Entscheidens und Verhaltens betrachten.

Obwohl die Neurowissenschaften in den vergangenen Jahren fantastische Fortschritte gemacht haben und die Erkenntnisbreite und -tiefe außerordentlich stark gewachsen ist, wird das Wissen, das wir über das Gehirn haben, von der Gesellschaft und auch von wissenschaftlich interessierten Laien deutlich überschätzt.

Das mag unter anderem daran liegen, dass die Neurowissenschaften mit spektakulären Erkenntnissen immer häufiger in der wissenschaftlichen Berichterstattung auftauchen, was wiederum dadurch zu erklären ist, dass in den Neurowissenschaften die verschiedensten Kooperationen und Forschungsgruppen aktiv sind, die eine Vielzahl von Fragestellungen beantworten und eine breite Palette von Detailergebnissen veröffentlichen.

Weltweit arbeiten mehr als 50.000 Forscher auf diesem Gebiet und in den Medien erscheinen jährlich rund 100.000 neue Artikel über deren neue Erkenntnisse. Die Komplexität des Gehirns bietet für die Forschung vielfältige Ansatzpunkte, und das bildet sich auch in der Forschungsarbeit ab.

Obgleich wir unendlich viele Details über das Gehirn wissen, hat die Forschung dennoch erst einen extrem kleinen Bruchteil der Geheimnisse gelüftet. Die grobe Anatomie des Gehirns ist heute zwar weitgehend bekannt und die Wissenschaft kennt zu etwa 60 Prozent den Feinaufbau des Gehirns, doch werden die molekularen Vorgänge erst zu einem guten Drittel verstanden.

Üblicherweise werden die Forschungsgegenstände der Neurowissenschaften drei verschiedenen Beschreibungsebenen zugeordnet: der subzellulären und zellulären Ebene, einer mittleren Ebene neuronaler Netzwerkverbände sowie der Ebene funktioneller Systeme, die die verschiedenen mentalen Leistungen des Gehirns umfasst. Die Fortschritte der vergangenen Jahre betreffen insbesondere die subzelluläre und zelluläre Ebene sowie die der funktionellen Systeme.

Die obere Ebene der funktionellen Systeme ist unter anderem dafür zuständig, Sprache zu verstehen, Bilder zu erkennen, Töne wahrzunehmen, Musik zu verarbeiten sowie Handlungen zu planen, aber es laufen dort auch Gedächtnisprozesse sowie Emotionserlebnisse ab.

Ohne moderne technische Verfahren ist die neurowissenschaftliche Forschung heute und erst recht in Zukunft überhaupt nicht mehr vorstellbar. Den meisten Menschen sind die bunten Bilder vom Gehirn, die mit Hilfe der funktionellen Magnetresonanztomografie entstehen, aus den Medien durchaus vertraut.

Info: Funktionelle Magnetresonanztomografie

Die funktionelle Magnetresonanztomografie (fMRT), auch Kernspinresonanztomografie oder Kernspintomografie genannt, gehört zu den bildgebenden Verfahren, deren Grundidee ein Vergleich des Gehirnzustands bei der Ausführung einer bestimmten Aufgabe mit dem bei der Ausführung einer Kontrollaufgabe ist. Aus dem Unterschied der beiden erzeugten Bilder lassen sich Rückschlüsse auf die unterschiedliche Aktivierung verschiedener Hirnregionen ziehen.

Bei der fMRT handelt es sich um das neueste der bildgebenden Verfahren, sie wurde erst in den 1970er Jahren entwickelt. Die funktionelle Magnetresonanztomografie ermöglicht eine Darstellung der Stoffwechselaktivität von Hirnarealen durch die Messung der magnetischen Eigenschaften von sauerstoffreichem (oxygeniertem) und sauerstoffarmem (desoxygeniertem) Blut.

Man erreicht damit eine sehr hohe räumliche und zeitliche Auflösung, ohne Kontrastmittel oder radioaktive Substanzen einsetzen zu müssen. Im Gegensatz zur Computertomografie entsteht also für den Untersuchten keine Strahlenbelastung.

Die zu untersuchende Person wird im Normalfall für etwa 60 bis 90 Minuten in das starke, gepulste Magnetfeld des Magnetresonanztomografen gebracht. Zunächst macht man eine strukturelle Aufnahme des Gehirns, ohne dass der Proband eine spezifische Aufgabe zu lösen hat. Danach erfolgt die funktionelle Messung, wenn der Teilnehmer auf visuelle, akustische oder fühlbare Reize, die er meist über eine spezielle Videobrille, ein Spiegelsystem oder einen Kopfhörer erhält, durch das Drücken von Knöpfen reagiert.

Alle zwei bis drei Sekunden werden nun komplette Aufnahmen des Gehirns angefertigt, die die Sauerstoffsättigung des Blutes aufzeigen. Um nicht-aufgabenbezogene Einflüsse ausschließen zu können, erstellt man zwischen 200 und 1.500 Bilder des Gehirns.

Schließlich werden die so erhaltenen individuellen Daten mit einer so genannten „statistischen Karte" (statistical parametric map, SMP) verglichen, die die Wahrscheinlichkeit des Zusammenhangs der Gehirnaktivierung jedes einzelnen Bildpunktes des Gehirns mit der durchgeführten Aufgabe angibt. Zum Schluss werden die Ergebnisse der aktuellen Untersuchung in diese statistische Karte aggregiert.

Das bildgebende Verfahren der funktionellen Magnetresonanztomografie (fMRT) hat sich als entscheidende Schnittstelle erwiesen, die es sowohl Ökonomen als auch Neurowissenschaftlern ermöglicht, zu neuen Einsichten über das menschliche Denken zu kommen.

Ohne die Fragestellungen der Ökonomen, die mit ganz bestimmen Erfahrungen und Erwartungen verknüpft sind, wäre es nahezu unmöglich, den zu beobachtenden neuronalen Abläufen und Phänomenen einen Sinn zuzuordnen.

Es macht zum Beispiel im Gehirn einen ganz erheblichen Unterschied aus, ob man die Erwartung einer Belohnung beobachtet oder den Erhalt derselben. Ähnliche Unterschiede sind auch zu beobachten, wenn es darum geht, ob eine Person sich für ein Risiko entscheiden muss oder ein Risiko tatsächlich eingeht.

Auch hinsichtlich der unteren neuronalen Organisationsebene haben neue technische Methoden zu neuen Erkenntnissen geführt. Doch zwischen dem Wissen über die obere und untere Organisationsebene klafft immer noch eine große Erkenntnislücke. Darüber, mit welchem Code einzelne oder wenige Nervenzellen untereinander kommunizieren, existieren allenfalls plausible Vermutungen. Völlig unbekannt ist zudem, was abläuft, wenn hundert Millionen oder gar einige Milliarden Nervenzellen miteinander „reden".

Wie das Gehirn tatsächlich funktioniert, welche Ursachen Krankheiten haben und wie das Gehirn mit Störungen umgeht und sich sozusagen selbst repariert, ist in den Details so kompliziert und so schwer zu verstehen, dass hier noch über viele Jahre hinweg ein großer Forschungsbedarf bestehen wird.

Das Gehirn leistet Schwerarbeit

Generell gibt es im Gehirn vier wichtige Systeme, die für das Verhalten und Entscheiden in finanziellen Fragen von grundsätzlicher Bedeutung sind. Es handelt sich um das Belohnungssystem, das emotionale System, das Gedächtnissystem und das Entscheidungssystem. Wie diese verschiedenen Systeme funktionieren und ineinander greifen, erfahren Sie in den nachfolgenden Kapiteln.

Bei der Geburt eines Menschen hat sein Gehirn ein Gewicht von ungefähr 400 Gramm. In den ersten zwei Lebensjahren erreicht es 1.000 Gramm und wächst bis zum 18. Lebensjahr auf ein durchschnittliches Volumen von 1.500 Gramm an. Bei Männern liegt das Gehirngewicht etwas höher, bei Frauen etwas niedriger.

Auch wenn dieser Gewichtsunterschied in der Vergangenheit gern als Argument genommen wurde, um die Vorrangstellung des Mannes zu untermauern und Behauptungen aufzustellen, dass etwa Frauen nicht mit Geld umgehen könnten, ist die Frage des Gehirngewichts inzwischen als irrelevant erkannt worden. Denn die Nervenzelldichte bei Frauen ist etwas höher, mit dem Ergebnis, dass die Anzahl der Nervenzellen bei Frauen und Männern in etwa gleich groß ist.

Von den etwa drei Millionen Basenpaaren des menschlichen Genoms, die auf 30.000 Genen untergebracht sind, benutzt das Gehirn etwa 50 Prozent, was ein deutlicher Hinweis auf die Komplexität seines Aufbaus und seiner Funktion ist.

Auch wenn das Gehirn nur durchschnittlich zwei Prozent der Körpermasse ausmacht, verbraucht es dennoch 20 Prozent der Energie, man kann es insofern als „Schwerarbeiter" bezeichnen. Die meiste Energie wird für bewusste Denkprozesse eingesetzt, so dass es nicht verwunderlich ist, dass viele Abläufe im Gehirn unbewusst erfolgen, sozusagen im „Energiesparmodus".

Hierin könnte auch eine der Ursachen dafür liegen, dass bestimmte Entscheidungen nach einfachen Mustern erfolgen, die zwar energieeffizient, aber im Ergebnis dann leider falsch sind. Diese Vermutung bedarf allerdings noch einer ganz erheblichen wissenschaftlichen Untersuchung, bevor sie mit konkreten Ergebnissen untermauert werden kann.

Jede einzelne der 100 Milliarden Nervenzellen im Gehirn kann mit bis zu 15.000 Kontaktstellen, den Synapsen, mit anderen Nervenzellen verbunden sein. Somit besteht das Gehirn aus einem hoch vernetzten System, in dem es über 100 Billionen Verbindungsstellen gibt. Auch wenn diese Zahlen die menschliche Vorstellungskraft sprengen, ist offensichtlich nur ein solch hoch komplexes System in der Lage, Informationen so zu verarbeiten, zu speichern und zu verknüpfen, dass das entsteht, was wir als unser Selbst bezeichnen und was uns Identität gibt.

Die Signale, die zwischen den Nervenzellen hin- und hergehen, sind elektrischer Natur, vergleichbar einem Morsealphabet. Um die unterschiedlichen Signale richtig bewerten zu können, verfügt das Gehirn über einen Regelmechanismus, der auf jeder Stufe die hemmenden und die erregenden Impulse gegeneinander verrechnet. Erst wenn eine bestimmte Erregungsschwelle überschritten wird, kommt es zu einer Weiterleitung des Signals nach dem Prinzip eines Kaskadensystems. Dabei gibt es durchaus Informationen, die immer Vorfahrt haben. Das sind zum Beispiel Schmerzen.

Erst das Gehirn macht uns zum Menschen

Wenn man das Gehirn eines Menschenaffen mit dem eines Menschen vergleicht, erkennt man sofort, dass vor allem das Stirnhirn, also der vordere Abschnitt des Gehirns, beim Menschen größer ist. Dieser organische Unterschied wird auch in den Verhaltensweisen und Fähigkeiten von Affen und Menschen repräsentiert.

Der Affe verfügt über eine deutlich höhere Leistungsfähigkeit als der Mensch bei den Sinneswahrnehmungen und den Bewegungen. Kein Mensch könnte mit „affenartiger Geschwindigkeit" einen Baum empor klettern oder von einem Baum zum anderen springen. Stattdessen liegen die Stärken des Menschen im zielgerichteten Handeln, in der Entscheidungs- und Introspektionsfähigkeit sowie in der Kommunikation und im abgestimmten Handeln mit anderen Wesen seiner Gattung.

Dies lässt den Schluss zu, dass die wichtigsten menschlichen Hirnleistungen des Menschen wahrscheinlich im vorderen Abschnitt des Gehirns stattfinden. Hier erfolgt die Speicherung vieler Informationen, hier werden Entscheidungen getroffen und hier entsteht das Ich-Bewusstsein. Große Teile der Fähigkeiten zur Kommunikation, wie zum Beispiel die Sprache, sind hier lokalisiert und auch die emotionale Bearbeitung von Ereignissen findet hier durch eine Verbindung mit den Emotionszentren des Gehirns statt.

Es darf mit großer Sicherheit angenommen werden, dass in den ersten Lebensjahren in diesem Teil des Gehirns ein kompliziertes Netzwerk aufgebaut wird, dessen Funktion sich auch in unserem Sozialverhalten niederschlägt. Wenn zum Beispiel durch Verletzungen vor dem zweiten Lebensjahr dieser Netzwerkaufbau gestört wird, hat der davon betroffene Mensch eine deutliche Neigung, sich im wahrsten Sinne des Wortes „asozial" zu verhalten. Er kann weder Regeln einhalten noch erkennen, dass es ganz bestimmter Regeln bedarf, um in einer Gemeinschaft zusammenleben zu können.

Tritt eine solche Verletzung allerdings erst zwischen dem zweiten und dem fünften Lebensjahr auf, werden die entsprechenden Regeln zwar erlernt und auch wahrgenommen, doch fällt es dem Betroffenen schwer, sie einzuhalten. Dies wird besonders deutlich durch Operationen, die bei Epilepsie-Patienten in dieser Hirnregion vorgenommen werden, um Epilepsieherde aus dem Gehirn zu entfernen. Das vorher gestörte Verhalten der Betroffenen normalisiert sich nach solchen Eingriffen oft dramatisch.

Wenn man den Schädel eines Menschen für Operationen öffnet, scheint jedes Gehirn zunächst einmal gleich zu sein, es sei denn, dass grobe Anomalien vorliegen. Doch diese oberflächlich erkennbare organische Gleichheit findet sich nicht in den Funktionen wieder. Es gibt zwar Regionen, in denen in jedem Gehirn vergleichbare Prozesse stattfinden, doch der Feinaufbau kann höchst unterschiedlich sein, weil jedes Gehirn anders vernetzt ist, und selbst wenn zwei Menschen exakt dasselbe denken, tun sie es doch immer auf unterschiedliche Weise.

Diese auf dem komplexen Aufbau des Gehirns beruhende Unterschiedlichkeit stellt allerdings keinen Mangel dar, sondern bildet wahrscheinlich die Grundlage für die menschliche Entwicklungsfähigkeit.

Ähnlichkeiten zwischen den Menschen aufgrund ihrer Gene und ihrer Sozialisation sind in gewisser Weise ein Garant für die Stabilität einer jeden Gesellschaft, während die Unterschiede die Grundlage für Weiterentwicklungen und Veränderungen bilden.

Lebenslanges Lernen ist möglich und notwendig

Über viele Jahrzehnte ging die Hirnforschung davon aus, dass die Nervenbahnen im Gehirn eines erwachsenen Menschen festgelegt und unveränderlich sind. Man wusste zwar, dass Nervenzellen absterben können, hielt es aber für unmöglich, dass auch eine Regenerationsfähigkeit vorhanden ist. Diese Betrachtungsweise änderte sich erst, als der schwedische Neurologe Peter Ericsson im Jahr 1998 den Nachweis erbrachte, dass sich auch im Erwachsenengehirn neue Zellen bilden können.

Heute stellt die Erforschung der adulten Neurogenese sicherlich eines der wichtigsten Themen der modernen Neurowissenschaften dar. Das Gehirn arbeitet nicht wie ein fest verdrahteter (hard wired) Computer, sondern stellt unablässig neue Verbindungen her, so dass der Mensch lebenslang lernfähig bleibt.

Die Neurogenese als wesentlicher Teil der Hirnplastizität spielt sich auf drei Stufen ab. Aufgrund neuer Reize können sich innerhalb von Sekunden bereits vorhandene Synapsen zwischen den Neuronen verstärken. Das ist zum Beispiel notwendig, um sich an etwas, das gerade eben geschehen ist, sofort erinnern zu können. Innerhalb von Stunden können sich dann weitere Verbindungen zwischen den Nervenzellen bilden, indem neue Synapsen wachsen und so Verschaltungen herstellen.

Die Bildung neuer Zellen im Gehirn im Rahmen der Neurogenese benötigt einige Tage, allerdings haben solche Veränderungen dann auch eine nachhaltige Wirkung. Für das Lernen ist der Vorgang von hervorragender Bedeutung. Auch der Umgang mit Geld muss im engeren Sinne gelernt werden. Nur scheint hier das Lernen etwas komplizierter zu sein als bei anderen Sachverhalten.

Grundsätzlich ist Lernen immer dann besonders effektiv, wenn es mit einem Erfolgserlebnis verbunden ist, wodurch das Belohnungssystem aktiviert wird und dadurch die Bereitschaft zu weiterem Lernen gefördert wird. Inzwischen wissen wir aber, dass sowohl das Kaufen, also das Geldausgeben, um eine gewünschte Gegenleistung zu erhalten, ebenso wie das Verkaufen, also sich von Dingen zu trennen oder Leistungen zu erbringen, um dafür Geld zu erhalten, im Gehirn höchst komplexe Prozesse darstellen, die nicht mit anderen Lernprozessen, zum Beispiel der erfolgreichen Lösung einer handwerklichen Aufgabe, vergleichbar sind.

Auf diesen Punkt werden wir im Laufe des Buches immer wieder zurückkommen. Dennoch sind wir der festen Überzeugung, dass man auch in finanziellen Fragen lernen und sein Verhalten ändern kann.

Das Gehirn als soziales Organ

Das Gehirn ist ein soziales Organ, denn seine Aufgabe besteht nicht nur darin, das Überleben des einzelnen Menschen zu sichern, sondern auch das der Gruppe, zu der dieser gehört. Es kommt also darauf an, Annahmen darüber zu bilden, was andere Menschen fühlen, welche Bedürfnisse sie haben, wie sie ein bestimmtes Verhalten bewerten, was sie erwarten und was sie beabsichtigen. Damit das Gehirn diese Funktionen wahrnehmen kann, muss es sowohl in der Lage sein, zu erkennen, was in anderen Menschen vorgeht, als auch Vorhersagen darüber zu treffen, welche Reaktionen erwartet werden können und welche nicht.

Erkennen bedeutet in diesem Zusammenhang weitaus mehr als nur einfaches Wahrnehmen, was auch schon verhältnismäßig primitive Organismen leisten können. Selbst Einzeller nehmen ihre Umgebung wahr und reagieren darauf, ohne dass wir im weiteren Sinne von Erkennen sprechen können. Mit Hilfe der so genannten primären Sinnesareale können wir sehen, hören, schmecken, riechen und empfinden, wenn diese aktiviert werden.

Allerdings reichen diese Areale das Wahrgenommene völlig neutral und ohne Bewertung weiter. Diese erfolgt erst in Bereichen, die als Assoziationszentren bezeichnet werden und die eingehenden Informationen mit vorhandenen verknüpfen und so zu einer Deutung des Wahrgenommenen, also zum Erkennen, kommen. Dieses Erkennen spielt zum Beispiel im Neuromarketing eine ganz wichtige Rolle, wenn nämlich Markensymbole nicht nur gesehen, sondern auch mit einem ganz bestimmten Sinn versehen werden.

Grundsätzlich ist es so, dass das Gehirn kontinuierlich Vorhersagen darüber produziert, welche Informationen als nächstes eintreffen werden. Bestätigen sich diese Annahmen, sind vom Gehirn aus keine weiteren Anpassungen der geplanten Reaktionen notwendig. Stimmen die Vorhersagen und die Wahrnehmungen nicht überein, kommt es entweder zu automatischen Reaktionen, wie zum Beispiel bei einem überraschenden, lauten Knall, der uns zusammenzucken lässt. Oder aber bei langsameren Ereignissen, die keine Überlebensmechanismen aktivieren, wird das Bewusstsein zu Rate gezogen, um die Unterschiede zwischen Erwartung und Ereignis zu verarbeiten.

Es kann aber auch sein, dass unerwartete Ereignisse zwar wahrgenommen, aber nicht erkannt werden. So etwas ist gar nicht einmal so selten, wie man im ersten Moment vielleicht annehmen mag, denn hier wird die Diskrepanz zwischen Erwartung und Ereignis dann durch Begründungen überbrückt, weshalb man sich an die veränderte Situation nicht angepasst hat. Wir werden sehen, dass gerade bei Problemen der Neurofinance dieses irrationale Verhalten häufiger auftritt, als uns selbst vielleicht lieb ist.

Dass etwas zwar wahrgenommen, aber nicht erkannt wird, kann auch daran liegen, dass die Kapazität des Gehirns entweder mit einer bestimmten Aufgabe voll ausgeschöpft wurde oder aber, dass ein bestimmtes Ereignis so stark von den Erwartungen abweicht, dass es im Gehirn nicht mehr als relevant verarbeitet wird.

Ganz offensichtlich ist dies zum Beispiel in Verbindung mit der Finanzkrise 2008 in all jenen Fällen geschehen, in denen bis zum bitteren Ende an der Regel festgehalten wurde, „Eine Bank kann nicht pleite gehen". Wie wir heute wissen, kann sie es doch. Hätte man früher mit der Regel gebrochen und sich nur an den wahrgenommenen Ereignissen orientiert, hätten viele Entscheidungen in Staat und Wirtschaft anders ausfallen können.

Vorabinformationen bestimmen unsere Wahrnehmung

Ein weiteres Element, das unsere Vorhersagen auch in finanziellen Angelegenheiten stark beeinflusst und damit auch die in die Zukunft ge-
richteten Erwartungen, sind die Vorabinformationen. Wenn wir zu
wissen glauben, was wir zu erwarten haben, wird dieses Ereignis für
uns subjektiv auch mit höherer Wahrscheinlichkeit eintreffen.

Vorabinformationen haben also einen ganz erheblichen Einfluss auf
unsere Vorhersagen. Normalerweise nimmt das Gehirn in diesem Zusammenhang Irrtümer in Kauf, um daraus zu lernen und für nachfolgende Situationen neue Vorhersagen abzuleiten. Nur haben wir den
Eindruck, dass dieser Mechanismus gerade im Zusammenhang mit
finanziellen Angelegenheiten nicht so gut funktioniert.

Ein großes Problem stellen für das Gehirn zufällige Ereignisse dar, weil
hier die Fähigkeit zur Vorhersage versagt. Das Gehirn versucht deshalb, Zufälle dadurch in den Griff zu bekommen, dass es nach verborgenen Regeln und bestimmten Zusammenhängen von Ursache und
Wirkung sucht. Wenn es tatsächlich verborgene Regeln gibt, werden
sie zumindest unbewusst nach einiger Übung erkannt, wie in Experimenten nachgewiesen werden konnte. Erfolgen jedoch bestimmte Ereignisse regellos, kann dies durchaus dazu führen, dass sich das Gehirn
Illusionen macht und Zusammenhänge zu erkennen glaubt, die es
tatsächlich überhaupt nicht gibt.

Im Prinzip müsste man aus dem bisher Gesagten schließen können,
dass das Gehirn gewohnte Ereignisse und damit die Routine am meisten schätzt, weil die Vorhersagen tatsächlich eintreten und sich damit
auch ein angenehmes Gefühl von Sicherheit und Geborgenheit einstellt. Einerseits ist das richtig, andererseits tritt dabei aber auch ein
neues Gefühl auf den Plan, nämlich die Langeweile.

Da das menschliche Gehirn darauf programmiert ist, neue Erfahrungen zu sammeln, wird es nach einer gewissen Zeit umschalten, indem
es nicht mehr „Belohnungen" dafür verteilt, dass bestimmte Erwartungen und Vorhersagen erfüllt wurden, sondern nun dafür, dass sich
der Mensch auf die Suche nach Neuem macht.

Es ist tatsächlich so, dass ein großer Teil der Menschen so genannte Newsseeker sind. Deren Gehirn ist geradezu begierig, neue Dinge zu erkennen, Neues zu lernen und Neues zu erproben. Dadurch werden immer wieder Verhaltensänderungen ausgelöst, die nicht nur in der Frühzeit des Menschen von Vorteil waren, indem ein Jäger die gewohnten Pfade verließ und deshalb nicht zur Beute von Raubtieren wurde, die seine Gewohnheiten kannten und ihn nur noch als fette Beute erwarteten. Der Drang zu Neuem hält auch das Gehirn fit.

Allerdings ist dieser Hang nach Veränderung nicht immer nur vorteilhaft. Wer zum Beispiel bestimmte Aktien besitzt, die durchaus vorteilhaft kontinuierlich über Jahre im Wert gestiegen sind, wird sich irgendwann einmal fragen, ob es nicht andere Aktien gibt, die noch mehr Gewinn abwerfen könnten. Man möchte den Pfad des Gewohnten verlassen und Neues probieren. Ob sich die Erfolge dann tatsächlich einstellen, ist allerdings nur schwer vorherzusagen.

Wir sehen also, dass der Wunsch nach Neuem, der im Gehirn verankert ist, gerade in Geldfragen zu den Problemen führen kann, die man eigentlich vermeiden möchte. Es gibt unter den Menschen aber nicht nur Newsseeker, sondern auch Sensationsseeker, was noch eine Steigerung darstellt. Diese Menschen sind bereit, für Neues sogar hohe Risiken einzugehen, und das kann, wie wir alle wissen, bei kühler Betrachtungsweise gerade in Geldfragen direkt in die Katastrophe führen.

Äußere Einflüsse sind wichtiger als wir vermuten

Das situative Verhalten, also die Reaktion auf Einflüsse aus der Umgebung, ist viel stärker, als die meisten Menschen vermuten und zugestehen mögen. Dabei sind es nicht die Einflusse, die uns in Form rationaler Argumente begegnen, sondern eher subtile Informationen, die sich direkt an das Unbewusste richten, ohne dass wir sie wahrnehmen.

Solche Einflüsse kann der Mensch nicht steuern, weil er sie überhaupt nicht bemerkt. Weder der groß angelegte verbale Schlagabtausch mit Argumenten in politischen Talk-Shows noch detaillierte Berichte über die politische und wirtschaftliche Lage in den wöchentlichen Nachrichtenmagazinen können uns so stark beeinflussen wie ein kurzes

Lächeln der Nachrichtensprecherin beim Namen Obama oder ein plötzliches Stottern des Wirtschaftsministers in einer Talk-Show.

Um Menschen zu lenken, bedarf es weder komplizierter Suggestionstechniken noch der Hypnose, sondern es reicht vollkommen aus, dem Gehirn bestimmte Stimmungen oder Eindrücke zu vermitteln, die die Gefühle beeinflussen.

So gibt es zum Beispiel ein Experiment, in dem die Versuchspersonen gebeten wurden, an einem Computer innerhalb einer bestimmten Zeit beliebige Worte entweder nach ihrer Länge zu sortieren oder sie auch zu Sätzen zusammenzustellen. Man erklärte den Probanden, dass es sich um einen Test zum Sprachvermögen handelt. Während die eine Hälfte der Teilnehmer Begriffe sortieren musste, die sich auf Alter, Krankheit und Gebrechlichkeit bezogen, hatte die andere Hälfte Begriffe zu sortieren, die sich mit Leistung, Sport und Erfolg befassten.

Nachdem der Test beendet war, bat man die einzelnen Teilnehmer, das Gebäude über eine Treppe, die sie hinaufsteigen mussten, zu verlassen. Für die Probanden war das Experiment jetzt zu Ende, doch für die Forscher begann es erst. Sie stoppten nämlich die Zeit, die die verschiedenen Teilnehmer brauchten, um die vorgegebene Strecke zurückzulegen. Diejenigen, die sich mit Alter, Krankheit und Gebrechlichkeit befasst hatten, stiegen die Treppe wesentlich langsamer nach oben als diejenigen, die sich mit Leistung, Sport und Erfolg befasst hatten.

Ganz offensichtlich wurden die Menschen durch nichts anderes als Worte beeinflusst, die sie nur zu sortieren hatten und die sie in keiner Weise betrafen. Doch halt, diese Formulierung ist nicht richtig. Ganz offensichtlich fühlten sie sich schon betroffen, nur war es ihnen nicht bewusst. Da dieser Test ein so erstaunliches Ergebnis lieferte, wurde er in den verschiedensten Konstellationen an unterschiedlichen Universitäten immer wieder durchgeführt. Dabei war das generelle Ergebnis immer gleich. Bestimmte Worte beeinflussen uns, auch wenn wir sie gar nicht auf uns selbst beziehen müssen.

Aber nicht nur die Geschwindigkeit des Treppensteigens lässt sich auf diese Weise manipulieren. Auch Freundlichkeit, Geduld und Ehrlichkeit sind auf einfache Weise formbar und sogar die Leistungsfähigkeit in Rechentests lässt sich durch negative oder positive Denkmuster beeinflussen.

Natürlich treffen solche unbewussten Verhaltensänderungen auch auf unser Verhalten in Finanzangelegenheiten zu. Ob wir Geld ausgeben, ob wir Geld verdienen oder wie wir unser Geld anlegen, entscheidet sich offensichtlich wesentlich stärker auf der Basis äußerer Einflüsse als durch rationale Überlegungen und sachliche Argumente.

Vom Homo oeconomicus zum Homo reciprocans

Der Mensch scheint danach weniger ein rational handelnder Homo oeconomicus zu sein, der ausschließlich an einer Maximierung des materiellen Eigennutzens orientiert ist und der davon ausgeht, dass auch alle anderen Menschen eigennützig und rational handeln, sondern eher ein Homo reciprocans, der seine eigenen Reaktionen mehr an den fairen oder unfairen Handlungen der anderen orientiert.

Mit der Veröffentlichung seines Buchs „Der Wohlstand der Nationen" legte Adam Smith 1776 nicht nur den Grundstein für eine neue Wissenschaft, die Ökonomie, sondern entwarf auch das Bild des modernen Menschen, des Homo oeconomicus. Dieser zweckgerichtet denkende, unter Abwägung aller Informationen allein zu seinem Vorteil handelnde Mensch ist bis heute aus den Wirtschaftswissenschaften nicht wegzudenken.

Die Gültigkeit der meisten gängigen Wirtschaftstheorien, Managementmethoden und Führungsprinzipien steht und fällt seit nunmehr zweihundert Jahren mit der Prämisse, dass sich der Mensch tatsächlich so verhält, wie es Adam Smith annahm. Hiervon rückte man auch nicht ab, als vor hundert Jahren die Psychologie begann, das Verhalten der Menschen neu zu deuten.

Die Ökonomen befanden sich in der Zwickmühle. Einerseits erkannten sie durchaus, dass ihre theoretischen Modelle, die sich auf rationalen Entscheidungen begründeten, keineswegs die Realität abzubilden in der Lage waren. Andererseits stellten sich viele der frühen psychologischen Erkenntnisse als nicht kompatibel mit ökonomischen Lehren heraus. Eine Lösung wurde erst Mitte der 1950er Jahre gefunden, als der Wirtschaftswissenschaftler Herbert Alexander Simon das Konzept der begrenzten Rationalität (bounded rationality) einführte.

Danach treffen Menschen Entscheidungen, die schlechter sind, als sie unter zumindest theoretischen Idealbedingungen möglich wären. Vollständig rationales Verhalten wurde als unmöglich anerkannt, weil es sowohl an Informationen über die Gegenwart wie auch über die Zukunft mangelt. Ein beschränkt rationales Verhalten konzentriert sich darauf, die Suche nach Alternativen dann zu beenden, wenn man eine Lösung gefunden hat, die einen zufrieden stellt, auch wenn man weiß, dass es eventuell noch bessere geben könnte.

Mit diesem Modell der begrenzten Rationalität ließen sich dann auch in den Folgejahren viele wirtschaftliche Prozesse besser beschreiben, als es mit dem Modell des Homo oeconomicus möglich war. Die Neuroökonomie ist nun angetreten, diesem Modell der begrenzten Rationalität auch noch innere und indirekte Vorgänge hinzuzufügen.

Das heißt, nicht nur der Mangel an relevanten Informationen verändert das Entscheidungsverhalten, sondern auch irrationale Elemente fließen in die Entscheidungen. Und sie verändern diese in einer Weise, die oft nur noch dadurch nachvollziehbar gemacht werden kann, dass man das Gehirn beim Denken beobachtet und herausfindet, welche Hirnregionen an einer bestimmten Entscheidungsfindung beteiligt sind.

Das Modell des Homo reciprocans orientiert sich also weniger am Nutzen und an den Resultaten seiner Entscheidungen, als daran, ob sie von ihm selbst als befriedigend empfunden werden. Der mentale Nutzen wird vom Homo reciprocans höher bewertet als der materielle.

Insofern beginnt man heute in der Neuroökonomie, neue Dual Process Theorien zu entwickeln, wonach zum Beispiel die Entscheidung des Gehirns darüber, ob es sich bei dem zu lösenden Problem um ein soziales oder um ein ökonomisches handelt, zu vollkommen unterschiedlichen Ergebnissen führen kann.

Zusammenfassung

Die Wissenschaft der Neurofinance ist angetreten, um anhand von Erkenntnissen und mit Mitteln der Hirnforschung zu erklären, wie finanzielle Entscheidungen getroffen werden und wie das menschliche Verhalten in Finanzangelegenheiten zu erklären ist.

Geld und Gefühle – was wir aus den Experimenten der Neuroökonomie schließen können

Was Sie in diesem Kapitel erwartet

Wir beschreiben einige Spiele, die sowohl die Psychologie als auch die Verhaltensökonomie und die Neuroökonomie gern nutzen, um Situationen zu schaffen, in denen das Verhalten der Menschen erkannt und beschrieben werden kann. Daraus lassen sich dann Regeln ableiten, die wiederum die Grundlage für Vorhersagen zum Verhalten darstellen.

Gewinne und Verluste machen das Gehirn aktiv

Viele Bereiche der Psychologie und ganz besonders die oft geschmähte und doch so verbreitete Alltagspsychologie versuchen Vorhersagen über das Verhalten auch daraus abzuleiten, dass man bestimmte Annahmen über die Ursachen trifft. Dabei steht die Persönlichkeit mit ihren ererbten Charaktereigenschaften und dem erlernten Verhalten meist im Mittelpunkt, aber auch das situative Verhalten gewinnt bei der Beantwortung der Frage nach den Ursachen immer mehr an Bedeutung.

> **Kernsatz**
> Die Verhaltensökonomie beschäftigt sich eher mit Verhaltensanomalien im Sinne von Abweichungen von bestehenden rationalen Vorstellungen in Bezug auf ökonomisches und soziales Verhalten.

Dass die Neuroökonomie dieselben Spiele und Situationen nachstellt wie die Psychologie und die Verhaltensökonomie, liegt nicht etwa an einer gewissen Fantasielosigkeit der Forscher. Es liegt vielmehr daran, dass man die neuronalen Grundlagen von bestimmten Entscheidungen und Verhaltensweisen kennen lernen möchte, um aus den Aktivitäten verschiedener Hirnregionen Rückschlüsse auf die Steuerungsmechanismen des Gehirns und auf die Beteiligung zum Beispiel von Gefühlen zu ziehen.

Aufbauend auf den Erkenntnissen der Psychologie und der Verhaltensökonomie erhofft man sich so die Erkenntnis über generelle Ursachen des Verhaltens, die über die individuellen Faktoren einer einzelnen Person hinausgehen.

Untersuchungen mit der funktionalen Magnetresonanztomografie zeigen immer wieder, wie gut sich Gewinne und Verluste durch neuronale Aktivitäten im Gehirn nachweisen lassen und wie eindeutig sie bestimmten Gehirnregionen zuzuordnen sind. Allerdings wird bei solchen Experimenten auch deutlich, wie wichtig es ist, auf die richtige Fragestellung und die richtige Versuchsanordnung zu achten.

So wird bei der Erwartung eines finanziellen Gewinns der Nucleus accumbens aktiviert und die Versuchsperson verspürt eine positive Erregung, die sie auch körperlich wahrnimmt. Wenn die erwarteten

Gewinne immer größer werden, steigt in gleichem Maße auch die Aktivierung des Nucleus accumbens, ebenso wie das erlebte positive Befinden. Wenn man dann einen Gewinn tatsächlich erhält, wird der mediale präfrontale Cortex aktiviert. Schon eine Gewinnvorhersage macht den Nucleus accumbens mobil. Kommt dieser Gewinn dann allerdings nicht zu Stande oder ist er niedriger als erwartet, wird das wiederum auch im medialen präfrontalen Cortex verarbeitet.

Das Gehirn kann sehr gut zwischen einem unerwarteten und einem erwarteten angenehmen Ereignis unterscheiden. Auch hier ist die Reaktion bei einer Überraschung größer, als wenn man nur das bekommt, was man ohnehin bekommen sollte.

Insgesamt ist die Aktivierung des Belohnungssystems bei monetären Gewinnen oder Verlusten stärker von den Bedingungen abhängig, unter denen diese Ereignisse stattfinden, als von der absoluten Höhe des Gewinns oder des Verlustes. Das heißt, der Abgleich zwischen unseren Erwartungen und dem eintretenden Ereignis ist von größerer Bedeutung als das Ereignis selbst.

Der Mandelkern, auch Amygdala genannt, spielt besonders dann eine große Rolle, wenn in einem Spiel die Möglichkeit besteht, zu bluffen, allerdings mit der Gefahr, erwischt zu werden und dann zu verlieren. Bei einem solchen Spiel ist der Verlust am größten, wenn man beim Bluffen erwischt wird.

In der kritischen Phase, nachdem der Proband sich entschieden hat, ob er bluffen will oder nicht, ist die Amygdala, je nach der Entscheidung, mehr oder weniger aktiv. Bei fairem Verhalten ist ihre Aktivität geringer. Das lässt sich damit erklären, dass der Spielteilnehmer entweder Angst vor der Entdeckung hat oder Angst vor dem mit der Entdeckung verbundenen größeren Verlust. Hier bedarf es noch weiterer Experimente, um die Ursachen der unterschiedlichen Hirnaktivitäten aufzuklären.

Immerhin bedeuten diese Ergebnisse, dass wir jetzt wissen, dass die Erwartung von Gewinnen und die Angst vor Verlusten offensichtlich in unterschiedlichen Gehirnregionen verarbeitet werden und sich deshalb nicht ohne weiteres gegenseitig ausschalten können.

Auch wenn Angst und Vorfreude gleichzeitig in unserem Gehirn existieren, heißt das noch lange nicht, dass wir uns beider Gefühle auch gleichzeitig bewusst sein können. Im Gehirn gibt es ein System, das Formatio reticularis genannt wird. Man könnte es mit einem Scheinwerfer in einem Zirkuszelt vergleichen.

Dieser Scheinwerfer wird auf das Geschehen gerichtet, das in der Manege als zentrales Ereignis im Mittelpunkt steht. Vielleicht ist es der Künstler am Trapez, der vor dem entscheidenden Sprung steht, oder es ist ein Jongleur am Boden, der mit immer mehr Bällen jongliert. Alles andere, was gleichzeitig in der Manege oder auf den Publikumsrängen passiert, ist in Dunkelheit gehüllt.

Ähnlich ist es im Gehirn. Auch hier geben wir einem Gefühl oder einem Sinnesreiz den Vorrang und die Möglichkeit, in höhere Bereiche des Bewusstseins vorzudringen. Allein das, was im Kegel des Scheinwerfers steht, ist in dem Moment für uns von Bedeutung. Doch der Scheinwerfer im Zirkus kann ganz schnell zu einem anderen Punkt schwenken und etwas anderes in den Mittelpunkt stellen. Auch unser Bewusstsein ist nur eine Momentaufnahme von wenigen Sekunden, die nur das umfasst, was besonders wichtig ist. Insofern können wir in schneller Abfolge Vorfreude und Angst empfinden, ohne dass diese sich gegenseitig neutralisieren.

Ein ganz besonderes Gefühl ist in diesem Zusammenhang die so genannte Angstlust. Wir kennen dieses Gefühl aus einer Fahrt in der Geisterbahn oder auch beim Anschauen eines Horrorfilms im Kino. Wir setzen uns dem Gefühl der Angst ganz bewusst aus, weil wir wissen, dass der Schrecken ein Ende hat und uns nichts passiert sein wird.

Eine solche Angstlust kann sich auch bei einem Spiel oder bei einem riskanten Manöver an der Börse einstellen. Die freigesetzten Stresshormone geben uns einen Kick, den wir durchaus als lustvoll empfinden. Vielleicht ist es sogar auch das Wechselbad der Gefühle zwischen Erwartung und Angst, das bestimmte Menschen durch ein riskantes Verhalten ganz gezielt suchen. Insofern sind Angst und Hoffnung also zwei unterschiedliche Paar Schuhe, die dicht beieinander stehen, was sich auch mit den Ergebnissen der Verhaltensökonomie deckt.

Info: **Nucleus accumbens**

Der Nucleus accumbens ist ein Teil des limbischen Systems und spielt eine wichtige Rolle im Belohnungssystem. Beim limbischen System handelt es sich nicht um eine genau definierte anatomische Struktur, sondern eher um ein theoretisches Konzept, das sich auf das Zusammenwirken verschiedener Hirnteile bezieht. Es ist eine Einheit, die für die Bildung von Emotionen und für das Gedächtnis eine besondere Rolle spielt.

Präfrontaler Cortex

Der präfrontale Cortex ist Teil des Frontallappens der Großhirnrinde, der beim Menschen etwa die Hälfte des Hirns in Anspruch nimmt. Hier laufen alle wichtigen Informationen zusammen. Er empfängt nicht nur die zu verarbeitenden sensorischen Signale, sondern wird auch über den individuellen emotionalen Zustand informiert und integriert dies alles mit Gedächtnisinhalten, und zwar unter Berücksichtigung der Informationen aus dem Belohnungssystem.

Der präfrontale Cortex ist also das oberste Kontrollorgan für Entscheidungen und für eine der Situation angemessene Handlungssteuerung. Außerdem reguliert er emotionale Prozesse. Hier werden Strategien entwickelt und hier findet auch die Langzeitplanung statt. Schließlich ist der präfrontale Cortex auch noch dafür zuständig, dass wir soziale Normen beachten.

Amygdala

Bei der Amygdala, auch Mandelkern genannt, handelt es sich um eine Gehirnregion, die für die emotionale Einfärbung von Informationen zuständig ist. Sie erhält Informationen aus sämtlichen Sinnessystemen, verarbeitet die externen Impulse, führt zur Freisetzung von Stresshormonen und beeinflusst das vegetative Nervensystem, dessen Aktionen als Gefühle wieder auf das Gehirn zurückwirken.

Das Diktatorspiel – altruistisches Verhalten

Die einfachste Form der so genannten Verhandlungsspiele ist das Diktatorspiel. Dabei steht dem Spieler A eine bestimmte Geldsumme zur Verfügung, die er zwischen sich selbst und dem Spieler B aufteilen soll. Die Höhe des Betrags, die er an Spieler B weitergibt, bleibt dem Spieler A, dem „Diktator", selbst überlassen.

Falls der Spieler A rein rational denkt und auf die Maximierung seines Nutzens ausgerichtet ist, würde er die gesamte Geldsumme für sich behalten und nichts an Spieler B abgeben.

Verschiedene Experimente haben aber ergeben, dass Spieler A durchaus einen Anteil an Spieler B abgibt. Laut Camerer und Fehr handelt es sich durchschnittlich um zehn bis 25 Prozent der zur Verfügung stehenden Geldsumme. Dieses im Prinzip irrationale Verhalten lässt sich entweder mit einer naturgegebenen Tendenz zu altruistischem Verhalten begründen oder mit der bei den Menschen unterschiedlich stark ausgeprägten Empathie, also der Fähigkeit, sich in andere hinein zu versetzen.

Wenn man sich in die Rolle eines anderen Menschen versetzt und das eigene Verhalten mit fremden Augen betrachtet, wird man eher auf unfaires Verhalten verzichten, als wenn man das nicht tut. Hier kommt das immer noch umstrittene und beim Menschen nicht explizit nachgewiesene Konzept der Spiegelneuronen zum Tragen.

Es gibt offensichtlich bestimmte Neuronen, die eine „Spiegelfunktion" wahrnehmen und es ermöglichen, dass man die Gefühle anderer Menschen selbst erlebt und in diesem Sinne nachfühlen kann. Mit ihrer Hilfe können wir intern Handlungen simulieren und ihren Ausgang vorweg nehmen und damit auch die Absicht fremder Aktionen verstehen.

Wir wissen ziemlich genau, was in den Köpfen von Menschen vorgeht, die unfaires Verhalten erleiden müssen. Warum aber „Diktatoren" auf unfaires Verhalten zumindest zum Teil verzichten, lässt sich heute mit neurowissenschaftlichen Methoden allerdings noch nicht abschließend erklären.

Wahrscheinlich muss man hier auf das psychologische Konzept des Charakters oder der Persönlichkeit zurückgreifen. Es ist anzunehmen, dass die Menschen über unterschiedlich stark ausgeprägte Gerechtigkeitsgefühle verfügen und dass es dafür wahrscheinlich auch ein entsprechendes physiologisches Korrelat gibt. Manchen Menschen ist Gleichheit mehr wert als anderen, die den Wettbewerb vorziehen und lieber zu den Siegern gehören, als Gleicher unter Gleichen zu sein.

Das wurde auch in Experimenten deutlich, in denen es um Lohngleichheit ging. Entscheidend war dabei nicht die Höhe des Gehalts, sondern die Differenz zu den Gehältern, die andere für eine vergleichbare Arbeit erhielten. Wer mehr Wert auf Gleichheit legt, wird sich im realen Leben wahrscheinlich nicht zum Diktator aufschwingen wollen. Wenn er aber in diese Rolle gezwungen wird, ist die Wahrscheinlichkeit größer, dass er sie nicht oder zumindest nicht vollständig ausnutzt.

Ganz anders ist das so genannte „sequenzielle Diktatorspiel", bei dem die Rollen von einer Spielrunde zur nächsten wechseln. Hier wird das Verhalten des Diktators ganz eindeutig durch die Erwartung bestimmt, wie der Spielpartner nach dem Rollenwechsel in der nächsten Runde auf das eigene Verhalten reagieren wird.

Da man vermutet, dass das eigene unfaire Verhalten dann altruistisch bestraft wird, nähern sich die Ergebnisse des sequentiellen Diktatorspiels stark an die Ergebnisse des Ultimatumspiels an.

Altruistisches Bestrafen

Altruismus bedeutet zunächst einmal, dem Gemeinwohl zu dienen und sozialen Regeln zu folgen, auch wenn dies mit keinem persönlichen materiellen Gewinn oder sogar mit Verlusten verbunden ist.

Altruistisches Handeln schließt auch eine Bestrafung anderer Menschen für nicht adäquates Verhalten oder wegen eines Verstoßes gegen bestimmte soziale Regeln ein. Der möglicherweise dadurch erlittene materielle Verlust wird auf psychophysiologischer Ebene durch eine Aktivierung des Belohnungssystems ausgeglichen. Das „altruistische Bestrafen" soll mittelfristig zu einer Förderung des fairen, kooperativen Verhaltens innerhalb einer sozialen Gruppe führen.

Das Ultimatumspiel – Gefühl für Fairness oder Furcht vor Ablehnung

Beim Ultimatumspiel handelt es sich im Prinzip um eine Erweiterung des Diktatorspiels, bei dem beide Spieler eine Entscheidung zu treffen haben. Auch hier geht es um einen Geldbetrag, von dem Spieler A einen beliebigen Anteil an Spieler B weitergeben kann. Allerdings hat der Spieler B die Möglichkeit, zu entscheiden, ob er die ihm zugewiesene Summe annimmt oder ablehnt.

Falls Spieler B dem Angebot von A zustimmt, erhält jeder Spieler den vorgeschlagenen Anteil. Falls B aber ablehnt, erhält keiner der Spieler etwas.

Wenn man davon ausgeht, dass es sich um rational, eigennützig denkende Menschen handelt, müsste Spieler A so entscheiden, dass er möglichst viel Geld behalten darf und dem Spieler B möglichst wenig abgibt, und Spieler B müsste jede Summe akzeptieren, denn auch ein geringer Betrag ist besser als gar nichts.

Die Ergebnisse der Experimente sahen aber anders aus. Häufig waren die Probanden in der Rolle des Spielers B bereit, auf das ihnen zugedachte Geld zu verzichten, und zwar immer dann, wenn ihnen die Summe als zu niedrig erschien. Weil sie den von A angebotenen Anteil als unfair empfanden, sollte Spieler A auch kein Geld erhalten. Angebote, die unter 20 Prozent des Geldbetrags lagen, wurden zu 50 Prozent abgelehnt.

Allerdings waren die Personen in der Position des Spielers A sich offensichtlich dieses Problems bewusst und boten Spieler B meist Anteile zwischen 30 und 50 Prozent der Geldsumme an.

Warum sie das taten, ist noch nicht ganz klar. Es könnten Fairnessüberlegungen dahinter stehen und/oder auch die Angst vor der Ablehnung durch Spieler B, also eine strategische Entscheidung zur Nutzenmaximierung. Camerer und Fehr sprechen in diesem Zusammenhang von „strategic fairness". Angebote zwischen 40 und 50 Prozent der Geldsumme wurden in der Regel angenommen, also als fair empfunden.

Das Vertrauensspiel – Vertrauensmissbrauch oder kooperatives Verhalten

Vertrauen spielt bei zahlreichen ökonomischen Transaktionen eine wesentliche Rolle, zum Beispiel beim Kauf eines Gebrauchtwagens oder bei Online-Geschäften. Beim Vertrauensspiel geht es um ein Zug-um-Zug-Geschäft. In der einfachsten Version kann Spieler A mit Spieler B ein Geschäft vereinbaren, bei dem Spieler A eine Leistung erbringt, die Spieler B dann anschließend bezahlt.

Wenn Spieler A Spieler B nicht vertraut, kommt kein Geschäft zustande. Wenn Spieler A aber B Vertrauen entgegenbringt und die vereinbarte Leistung erbringt, kann Spieler B entscheiden, ob er das ihm entgegengebrachte Vertrauen honoriert und zahlt oder ob er es missbraucht und die Zahlung verweigert.

Falls Spieler B das Vertrauen von A honoriert, erhalten beide gleich viel, der eine das gewünschte Geld und der andere die gewünschte Leistung. Den größten Gewinn hätte Spieler B allerdings, wenn er das Vertrauen von Spieler A missbraucht, also die Leistung annimmt und nicht dafür bezahlt. Dabei wird allerdings vorausgesetzt, dass es keine juristische Sanktionsmöglichkeit und auch keine Wiederholung des Spiels gibt.

Zahlreiche Experimente haben ergeben, dass jedoch in den meisten Fällen Spieler B das in ihn gesetzte Vertrauen mit kooperativem Verhalten belohnt, also seinen Verpflichtungen aus dem Geschäft nachkommt.

Eine Variante des Vertrauensspiels ist das so genannte Investmentspiel. Spieler A vertraut Spieler B eine bestimmte Summe an, die dieser für ihn gewinnbringend investieren und dann entscheiden soll, wie viel er davon behält und wie viel er an A zurückgibt.

Je mehr Spieler A investiert, desto mehr muss er Spieler B vertrauen. Wenn Spieler A Spieler B vertraut und B Rückzahlungen leistet, die die Erwartungen von A nicht enttäuschen, werden beide gewinnen. Falls dies nicht der Fall ist, wird am Ende keiner von ihnen mit viel Geld dastehen.

Das Investmentspiel erklärt sehr gut den Erfolg des Betrügers Bernard Madoff. Er hat als Spieler B sehr korrekt und kontinuierlich die von seinen Investoren (Spieler A) erwarteten Rückzahlungen geleistet, so dass diese annehmen konnten, dass sie zu den Gewinnern des Investmentspiels gehören. Dass die Zahlungen tatsächlich aus der Substanz geleistet wurden, war für sie nicht erkenntlich.

Daraus kann man den Schluss ziehen, dass die experimentelle Situation des Vertrauensspiels durchaus die Wirklichkeit abbildet, dass aber in der Realität das Vertrauensspiel um die Komponente der Kontrolle erweitert werden muss.

Das Dilemma für die Investoren besteht dann allerdings darin, dass jede Form der Kontrolle als Misstrauen interpretiert werden kann und damit den Anteil des Vertrauens reduziert.

Wie wir später noch sehen werden, ist Vertrauen aber ein sehr starkes und positives Gefühl, auf dessen Erleben viele Menschen nicht verzichten möchten. Kontrollen würden das innere Gleichgewicht beeinträchtigen, schlechte Gefühle und im ungünstigsten Fall sogar ein schlechtes Gewissen gegenüber dem Kontrollierten herbeiführen.

Vertrauen ist ein wesentlicher Bestandteil des sozialen Systems in unserem Kopf, Kontrolle hingegen gehört zum ökonomischen System. Beide Systeme stehen im Wettbewerb und lassen sich nur schwer in Einklang bringen. Wir werden dies noch genauer unter dem Aspekt betrachten, wie Geld unser Verhalten verändert.

Das Gefangenen-Dilemma – Verrat oder Kooperation

Beim so genannten Gefangenen-Dilemma, das Merrill Flood und Melvin Dresher von der RAND Corporation erfunden haben, handelt es sich um ein Spiel, das zeigt, dass Entscheidungen, die individuell rational sind, zu kollektiv schlechteren Ergebnissen führen können.

Zwei Gefangene werden verdächtigt, gemeinsam eine Straftat begangen zu haben. Die Höchststrafe dafür beträgt fünf Jahre. Falls beide Gefangenen schweigen, reichen die Indizienbeweise nur dafür aus, um jeden zu zwei Jahren Haft zu verurteilen. Falls jedoch einer von Ihnen oder auch beide die Tat gestehen, wird jeder von ihnen eine Gefängnisstrafe von vier Jahren erhalten.

Um das Schweigen der Gefangenen zu brechen, wird beiden ein Handel angeboten. Wenn einer gesteht und somit seinen Partner mitbelastet, kommt er ohne Strafe davon und der andere muss die Höchststrafe von fünf Jahren absitzen. Ansonsten bleiben die Bedingungen gleich. Das heißt, wenn beide schweigen, erhält jeder zwei Jahre Haftstrafe, und wenn beide gestehen, erhält jeder vier Jahre.

Beide Gefangene wurden über den Handel informiert, sie werden aber unabhängig voneinander befragt und haben keine Möglichkeit, sich untereinander abzusprechen.

Wenn nun Spieler A schweigt (also mit B kooperiert) und B gesteht (also A verrät), muss Spieler A fünf Jahre ins Gefängnis und B bleibt straffrei. Entsprechend ist es, wenn Spieler A gesteht (also B verrät) und B schweigt (also mit A kooperiert) erhält B fünf Jahre und A bleibt verschont.

Man findet hier also sowohl eine Belohnung für beidseitige Kooperation (jeweils nur zwei Jahre Haft) als auch für einseitigen Verrat (Freiheit für den Verräter), eine Bestrafung für gegenseitigen Verrat (jeweils vier Jahre Haft) sowie eine Bestrafung für das Vertrauen, das man dem anderen entgegengebracht hatte und das dieser einseitig gebrochen hat (fünf Jahre Haft).

Der Ausgang dieser Situation hängt also nicht nur von der eigenen Entscheidung ab, sondern auch von der des Partners. Kollektiv gesehen, wäre es am besten, wenn beide kooperieren, also schweigen, dann erhielte jeder nur zwei Jahre Haft.

Individuell gesehen, erscheint es aber vorteilhafter, auszusagen. Falls einer der Gefangenen gesteht und damit den anderen verrät, bleibt er im positiven Fall straffrei, nämlich wenn der andere schweigt. Oder er erhält statt der fünf Jahre Höchststrafe „nur" vier Jahre Haft, nämlich wenn der andere auch gesteht.

Das Dilemma des Gefangenenspiels liegt also darin, dass die kollektive und die individuelle Analyse zu unterschiedlichen Handlungsempfehlungen führen. Das Problem ist, dass der eine die Handlungsweise des anderen nicht einschätzen und beeinflussen kann.

Für beide zusammen wäre es am besten, wenn sie sich gegenseitig vertrauen und kooperieren würden. Dies könnte erreicht werden, wenn eine Kommunikation der Spieler untereinander erlaubt wäre oder wenn Vertrauensbruch bestraft werden würde, was aber nach den Spielregeln nicht erlaubt beziehungsweise nicht vorgesehen ist.

Möglich wäre dies aber bei einem Spiel mit mehreren Runden, wenn nämlich die Spieler die Entscheidungen ihres Gegners in den vorherigen Runden mit in ihre eigene Entscheidung einbeziehen und somit einen Vertrauensbruch bestrafen und Kooperation belohnen könnten.

In Experimenten zeigte sich, dass selbst bei einem einmaligen Spiel viele Mitspieler kooperierten statt egoistische Motive auszuleben. Zum Beispiel in einem Versuch mit 40 Mitspielern, die jeweils paarweise 20 Spiele durchführten, lag die Kooperationsrate im Durchschnitt bei 22 Prozent.

Wenn man das Gefangenen-Dilemma über mehrere Runden spielt, wird es von einem sozialen Spiel zu einem ökonomischen Spiel, in dem die Jahre der Freiheit als Gewinn und jedes Jahr Gefängnisaufenthalt als Verlust aufgerechnet werden. Für dieses Spiel gibt es eine Vielzahl von Strategien, wie zum Beispiel folgende:

Tit-for-tat (Wie du mir, so ich dir)

Der Spieler kooperiert in der ersten Runde und verhält sich in den folgenden Runden genau so wie sein Mitspieler in der vorherigen Runde. Er ist also im Prinzip kooperationswillig, reagiert auf Verrat aber mit Bestrafung. Ist der Mitspieler erneut kooperativ, ist der Spieler nicht nachtragend, sondern reagiert auch kooperativ.

Tit-for-two-tat (gutmütiges tit-for-tat)

Der Spieler kooperiert in der ersten Runde. Bei Kooperation des Mitspielers kooperiert er auch in der nächsten Runde, bei Verrat entscheidet er sich mit gleicher Wahrscheinlichkeit für Kooperation oder Verrat.

Mistrust (Misstrauen)

Hier verrät der Spieler in der ersten Runde und richtet sich in den nächsten Runden nach dem vorherigen Verhalten des Mitspielers. Im Prinzip ist er nicht kooperationswillig.

Spite (Groll)

Der Spieler kooperiert, bis der Mitspieler zum ersten Mal verrät und damit sein Vertrauen missbraucht, und danach verrät er selbst immer.

Punisher (Bestrafer)

Der Bestrafer kooperiert bis zum ersten Vertrauensmissbrauch seines Mitspielers und verrät dann so lange, bis der Gewinn des Mitspielers aus seinem Vertrauensmissbrauch aufgebraucht ist. Dann kooperiert er wieder bis zum nächsten unkooperativen Verhalten seines Mitspielers.

Pavlov

Der Spieler kooperiert in der ersten Runde. Anschließend verrät er, wenn der vorherige Zug des Mitspielers anders als der eigene war, und kooperiert, wenn beide kooperiert oder beide verraten haben. Wenn der Gewinn der Vorrunde klein war, führt dies zu einem Verhaltenswechsel, wenn der Gewinn groß war, wird das Verhalten beibehalten.

Prober (Sanierer)

Der Sanierer kooperiert im ersten Zug und verrät im zweiten und dritten Zug. Anschließend verrät er, falls der Mitspieler im zweiten und dritten Zug kooperiert hat, wenn nicht, dann spielt er nach dem Tit-for-tat Prinzip. Das heißt, er testet zunächst, ob sich der Mitspieler ausnehmen lässt, ohne Vergeltung auszuüben. Falls dies der Fall ist, nimmt er den Mitspieler aus. Im Fall der Vergeltung passt er sein Verhalten an.

Gradual (allmählich)
Der Spieler kooperiert so lange, bis der Mitspieler zum ersten Mal verrät, danach verrät er selbst einmal und kooperiert zweimal. Wenn der Mietspieler danach nochmals verrät, verrät der erste Spieler zweimal und kooperiert zwei Mal. Wenn der Mitspieler danach nochmals verrät, verrät der Spieler drei Mal und kooperiert zwei Mal. Das heißt also, bei der gradualen Strategie wird grundsätzlich kooperiert, jeder Ausbeutungsversuch aber wird bestraft, und zwar mit zunehmend unkooperativem Verhalten.

Always defect (immer verraten)
Der Spieler verrät immer, egal was sein Mitspieler tut.

Always cooperate (immer kooperieren)
Der Spieler kooperiert immer, egal was sein Mitspieler tut.

Random (Zufall)
Der Spieler verrät oder kooperiert auf der Grundlage einer 50:50-Zufallsentscheidung.

Per kind (periodisch und freundlich)
Der Spieler verhält sich jeweils für zwei Runden kooperativ und verrät dann in der nächsten Runde. Das heißt, er versucht den Mitspieler zunächst in Sicherheit zu wiegen, um ihn dann auszunehmen.

Per nasty (periodisch und unfreundlich)
Bei dieser Strategie verrät der Spieler periodisch in zwei Runden und kooperiert in der dritten.

Go by majority (Mehrheitsentscheidung)
Der Spieler verhält sich in der ersten Runde kooperativ und spielt danach den meistbenutzten Zug des Mitspielers. Bei Unentschieden kooperiert er.

Master-and-servant (Herr und Knecht)

Bei dieser Strategie wird in den ersten fünf bis zehn Runden ein der Erkennung dienendes, codiertes Verhalten gezeigt, um festzustellen, ob der Mitspieler ebenfalls die Master-and-Servant Strategie verfolgt. Falls dies der Fall ist, wird der eine Spieler zum Ausbeuter oder Master, der immer betrügt, und der andere zum Ausgenommenen, der bedingungslos und scheinbar wider alle Vernunft kooperiert.

Falls der Mitspieler sich nicht entsprechend der Master-and-servant-Strategie verhält, wird betrogen, um alle Wettbewerber zu schädigen. Da der Master fast immer die maximale Punktzahl für sein einseitiges Verraten erreicht, führt diese Strategie zu einem sehr guten Gesamtresultat.

Im Prinzip könnte man die tit-for-tat Strategie als optimal bezeichnen, da sie einfach, sehr wirkungsvoll und langfristig erfolgreich ist. Probleme kann es allerdings geben, wenn Missverständnisse eintreten, also Kooperation irrtümlich als Verrat verstanden wird.

Ein Beispiel aus der Praxis für das Gefangenen-Dilemma ist die Absprache von Preisen oder Mengen in einem Kartell oder Oligopol. Hält sich einer der Produzenten aus eigennützigen Gründen nicht an die getroffenen Vereinbarungen und erhöht zum Beispiel die Produktion, sind alle gezwungen, die Preise zu senken.

Ein zweites Beispiel ist das Händler-Bewertungssystem bei Ebay. Ein Händler, der trotz Vorkasse die Ware nicht liefert, erhält schlechte Bewertungen, mit der Folge, dass keiner mehr in Zukunft etwas bei ihm bestellen wird und er vom Markt verschwinden wird.

Im Finanzbereich bildet das Gefangenen-Dilemma nicht die Beziehungen zwischen den Fondsmanagern und ihren Kunden ab, sondern das Verhältnis der Profis untereinander. Dabei geht es hauptsächlich darum, welche Informationen an der Börse zum Beispiel zwischen den verschiedenen Maklern fließen, aber auch, wie sich Fondsmanager untereinander verhalten.

Der Fondsbetrüger Bernard Madoff zeigte stets ein kooperatives Verhalten. Durch Kontinuität baute er das Vertrauen seiner Mitspieler auf. Insgesamt zeigt das Gefangenen-Dilemma, wie wichtig der Kommunikationsfluss ist und welche besondere Bedeutung Absprachen in der Realität haben können. Generell sollte man das Gefangenen-Dilemma als Warnung verstehen, andere hereinlegen zu wollen, weil man sonst selbst schnell zum Verlierer werden kann.

Das Eisenbahnwaggon-Dilemma

Eines der Experimente, das die Teilnehmer in eine echte Zwickmühle bringt und am Ende nie das Gefühl hinterlässt, eine gute Entscheidung getroffen zu haben, beginnt mit folgender Geschichte:

Ein Waggon rast auf einem Rangierbahnhof ungebremst über ein Gleis direkt auf fünf Gleisarbeiter zu. Die Versuchsperson soll sich nun vorstellen, dass sie an einer Weiche steht, die den Waggon in letzter Sekunde umlenken könnte und so das Leben dieser fünf Menschen, die nichts von dem heranrasenden Unheil ahnen, retten könnte.

Das Dilemma besteht darin, dass auch auf dem anderen Gleis ein Mensch arbeitet und nicht sieht, was hinter ihm geschieht. Stellt die Versuchsperson die Weiche um, wird dieser einzelne Mensch überfahren. Die Versuchsperson steht also vor der Wahl, durch das Umlegen der Weiche fünf Menschen vor dem Tod zu bewahren und dafür einen zu opfern oder die fünf Menschen ihrem Schicksal zu überlassen, um nicht die eine Person opfern zu müssen.

Jedem der Versuchsteilnehmer wäre es natürlich am liebsten, niemanden zu opfern und eine gänzlich andere Lösung zu finden, zum Beispiel die Arbeiter durch Rufe zu warnen oder einen Bremsklotz auf die Schienen zu legen. Doch beides ist hier nicht zulässig und vorgesehen.

Tatsächlich entscheiden sich die meisten Testpersonen, wenn auch mit großen Gewissensbissen, dafür, die Weiche zu betätigen, weil ihnen das Leben von fünf Personen mehr wert ist als das von einem einzigen Menschen.

Nun ist der Test aber noch nicht zu Ende. Die Versuchsperson soll sich jetzt vorstellen, dass wieder ein führerloser Waggon auf die Gruppe der fünf Gleisarbeiter zurast. Diesmal gibt es keine Weiche, sondern die Testperson soll sich vorstellen, auf einer Brücke über dem Gleis zu stehen, neben sich einen großen, dicken Mann.

Fünf Gleisarbeiter wären auch diesmal zu retten, der Testkandidat bräuchte sich nur zu entschließen, den neben ihm stehenden Mann von der Brücke auf das Gleis zu schubsen, wodurch der Waggon auf-

69

zuhalten wäre. Das Ergebnis würde sich nicht vom ersten Beispiel unterscheiden. Man opfert einen Menschen, um fünf zu retten. Und doch sehen die Entscheidungen der an diesem Test Beteiligten gänzlich anders aus.

Nur jeder sechste Proband wäre bereit, dem neben ihm stehenden Mann den tödlichen Stoß zu versetzen. Die Mehrzahl würde die fünf auf dem Gleis ihrem Schicksal überlassen. Es macht offensichtlich einen großen Unterschied, ob ich nur einen Hebel umlegen muss, um einen Menschen für einen guten Zweck zu töten, oder ob ich selbst zur Tat schreite. Der Zweck heiligt ganz offensichtlich nicht alle Mittel.

Um dieses Beispiel nun in die Welt der Finanzen zu übertragen, brauchen wir uns nur bewusst zu machen, dass die meisten Transaktionen heute online erfolgen. Die Finanzmärkte werden vom Computerhandel dominiert und den so genannten Parketthandel findet man immer seltener. Entscheidungen werden per Knopfdruck exekutiert und nicht mehr handschriftlich fixiert.

Vermögensverwalter und Fondsmanager kennen allenfalls nur noch die ausgewählten, millionenschweren institutionellen Kunden und einige wenige Privatkunden, die persönlich betreut werden. Der persönliche Kontakt, wenn es ihn denn in den Filialbanken überhaupt noch gibt, findet durch so genannte Berater statt, deren Hauptaufgabe aber eigentlich das Verkaufen ist und die auf die Entwicklung der von ihnen angebotenen Fonds ohnehin keinen Einfluss haben.

Die meisten Finanzentscheidungen sind also vollkommen vom persönlichen Schicksal des Anlegers entkoppelt worden. Kommuniziert wird monatlich oder quartalsweise schriftlich per Post oder per E-Mail und meist sind diese Kommunikationswege auch reine Einbahnstraßen.

Wenn ein Fondsmanager per Knopfdruck Wertpapiere kauft oder verkauft, ist es nichts anderes, als den Hebel an einer Weiche umzulegen. Wohin der Waggon dann rast, wen das Schicksal trifft, wer gewinnt oder verliert, verschwindet in der Anonymität der Masse. Entsprechend leicht ist es, auf diese Weise Entscheidungen zu treffen, da man sich weder persönlich rechtfertigen noch dem Betroffenen, dessen Zukunft man vielleicht vernichtet hat, in die Augen blicken muss. Infolgedessen sind auch die Gewissensbisse vieler Finanzentscheider nur gering, wenn sie falsche Entscheidungen getroffen haben.

Es ist eben etwas anderes, wenn man Vermögenswerte per Knopfdruck vernichtet, wenn man Arbeitnehmern ihre Existenzgrundlage nimmt, indem man Aktienkurse in den Keller schickt, als wenn man in eine Fabrik geht und dort als Brandstifter Feuer legt.

Es wäre wichtig, wenn auch in den schnellen Finanzmärkten mehr persönliche Verantwortung und mehr Transparenz herrschen würde. Niemand käme auf die Idee, an die Geldbündel eines Anlegers ein Feuerzeug zu halten und seelenruhig seinen Bonus zu kassieren. Vernichtet man das Geld aber durch ein paar Computerbefehle, macht man anschließend ebenso seelenruhig und ohne Gewissensbisse weiter wie vorher.

Wir sehen auch an diesem Beispiel, dass wir offensichtlich zwei verschiedene Systeme im Kopf haben, die bei gleicher Ausgangslage und identischen Resultaten zu unterschiedlichen Entscheidungen führen.

Besonders deutlich wird diese Vorstellung von den zwei Systemen, wenn man das Waggon-Dilemma mit Patienten spielt, die unter einem neuronalen Defekt des ventromedialen präfrontalen Cortex leiden. In diesem Hirnbereich werden insbesondere soziale Emotionen verarbeitet.

Patienten mit solchen Schäden haben gewöhnlich kein Problem damit, die Weiche umzulegen, um die fünf Gleisarbeiter zu retten, und sie haben ebenso kein Problem, den dicken Mann von der Brücke zu stoßen, um ebenfalls eine Rettung herbeizuführen. Emotionale Entscheidungen, die im Konflikt zu rein zweckrationalen Entscheidungen stehen, werden bei ihnen anders entschieden als bei gesunden Menschen.

Offensichtlich funktionieren die Entscheidungssysteme anders, aber keineswegs immer vernünftiger und ergebnisorientierter, wie andere Versuche beweisen. Beim Ultimatumspiel weisen sie unfaire Angebote im Vergleich zu gesunden Spielteilnehmern häufiger zurück. In diesem Falle verhalten sie sich „hyperirrational".

Allerdings gibt es auch Patienten, die unter anderen neuronalen Defekten leiden, die sich beim Ultimatumspiel „hyperrational" verhalten und jeden noch so kleinen Gewinn einstecken, ohne mit der Wimper zu zucken.

Es gibt noch einen anderen berühmten Test, bei dem die Unterschiede in der Entscheidung zwischen gesunden Teilnehmern und Patienten mit Schäden im ventromedialen präfrontalen Cortex ganz deutlich werden. Man gibt dabei den Versuchsteilnehmern einmal Pepsi-Cola und einmal Coca-Cola zum Probieren, ohne sie darüber aufzuklären, um welche Marke es sich handelt.

In den meisten Fällen schmeckt den Probanden die Pepsi-Cola besser. Klärt man jetzt die Versuchsteilnehmer darüber auf, dass man ihnen zum Beispiel zuerst Pepsi-Cola zum Verkosten gibt und dann Coca-Cola, entscheiden sich die meisten für die Coca-Cola als das besser schmeckende Getränk, weil die Marke zumindest in den USA ganz offensichtlich die Geschmackswahrnehmung beeinflusst. Coca-Cola ist eben einfach die beliebtere und wertvollere Marke.

Patienten mit Schäden im präfrontalen Cortex wechseln allerdings nicht ihre Präferenz von Pepsi zu Coca-Cola, nachdem sie die Informationen über die Marke erhalten haben, sondern bleiben bei ihrer zuvor getroffenen Geschmacksentscheidung aus der Blindverkostung. Die Marke scheint keinen Einfluss auf die Emotionen zu haben und die Wahrnehmung zu verändern.

Auf die Finanzwelt übertragen, könnte das bedeuten, dass wir einer großen und bekannten Bank eher zutrauen, unser Geld für uns gut zu verwalten, als einem kleinen, unbekannten Institut, auch wenn dies ohne Kenntnis des Markennamens vielleicht die besseren Konditionen bietet.

Die Börse ist besser als Sex

Brian Knutson, Hirnforscher an der Stanford University, wollte untersuchen, wie intensive Emotionen im Gehirn verarbeitet werden. Deshalb zeigte er seinen Probanden Fotos, die auf die eine oder andere Weise stark emotionalisierten. Einmal waren es sexuelle Motive und einmal erschreckende Bilder von geköpften Leichen.

Die stärksten Emotionen bewirkte er aber, als er den Testpersonen Bargeld anbot. Auf keinen anderen Reiz reagierte der Nucleus accumbens so stark wie auf Geld. Wir werden uns also ganz offensichtlich genauer mit der Rolle des Geldes in unserem Leben befassen müssen.

Zusammenfassung

Die verschiedenen Spiele haben gezeigt, welche Rolle unsere Gefühle und vor allem das Vertrauen in unsere Mitmenschen bei unseren Entscheidungen spielt. Wir haben auch gesehen, wie wichtig es ist, im Voraus abschätzen zu können, wie unser Gegenüber auf unser Verhalten reagieren wird.

Wie das Geld unser Denken verändert

Was Sie in diesem Kapitel erwartet

Nachdem wir uns mit den theoretischen Grundlagen der Neurofinance beschäftigt haben, wenden wir uns jetzt der Praxis zu. Dabei geht es zunächst darum, was Geld überhaupt ist und welche Funktionen und welche Bedeutungen es für den Menschen hat. Es folgt eine Betrachtung des Verhaltens der Menschen an der Börse und schließlich eine Untersuchung über die grundsätzliche Einstellung der Deutschen zu Geldthemen.

Was Geld ist und was es uns bedeutet

Geld hat einerseits eine ökonomische Funktion, die sich verhältnismäßig einfach definieren lässt, andererseits aber auch verschiedene symbolische Bedeutungen, die das Thema Geld deutlich komplexer werden lassen.

Ökonomisch gesehen ist Geld zunächst einmal ein Zahlungsmittel, oder präziser gesagt, ein Zwischentauschmittel, das uns von dem Zwang befreit, auf dem Markt in der Mitte des Dorfes jemanden zu suchen, der die von uns geernteten Kohlköpfe gegen Nägel tauscht, die der Töpfer gern hätte, um uns dafür einen Krug zu geben, den wir wieder gegen Brot beim Bäcker eintauschen können.

Geld ist ökonomisch gesehen auch ein Wertspeicher, mit dem wir einen Vorrat an Kaufkraft anlegen können, solange uns die Inflation diesen nicht kaputt macht.

Zitat:
„Geld ist nicht alles, aber viel Geld ist schon etwas."

George Bernard Shaw

Außerdem ist Geld unter ökonomischen Gesichtspunkten eine Recheneinheit und ein allgemein verbindlicher Wertmaßstab. Allerdings taucht in diesem Zusammenhang bereits die Geldillusion auf, die es uns erschwert, zwischen dem nominalen und dem realen Wert des Geldes stets sauber unterscheiden zu können.

Das Feld der klassischen Ökonomie verlassen wir spätestens dann, wenn wir davon sprechen, dass Geld auch Identität herstellt. Wahrscheinlich erinnern sich noch viele Leser daran, wie es war, als wir die D-Mark als ein Symbol der wirtschaftlichen Stärke und des wieder erstandenen Nachkriegsdeutschlands aufgeben mussten und uns mit dem Euro eine neue Identität als Teil eines größeren Europas gaben.

Gerade in den fast ausschließlich am wirtschaftlichen Erfolg orientierten Volkswirtschaften ist Geld der stärkste Statusfaktor und für viele der alleinige Erfolgsmaßstab. Den meisten Menschen gelingt es nur noch mit Hilfe des Faktors Geld, ihrer Persönlichkeit Ausdruck zu verleihen. Kriterien wie Bildung, Wissen, Können oder gar Charakter treten deutlich in den Hintergrund, solange sie sich nicht auch in Geld manifestieren.

Zitat:
„Viele brauchen das Geld nicht, um es zu besitzen, sondern um es zu zeigen."

André Kostolany

Der Besitz von Geld ist so sehr Teil der Persönlichkeit, dass es fast einer ebenso strengen Geheimhaltung unterliegt wie ungewöhnliche sexuelle Vorlieben. Dabei kann es für die Geheimhaltung durchaus unterschiedliche Gründe geben. Entweder hat man Angst vor dem Neid der Mitmenschen oder gar vor kriminellen Delikten, oder man hat Angst, als Hochstapler entlarvt zu werden, der nach dem Motto „mehr Schein als sein" lebt.

Zitat:
„Wenn man jung ist, denkt man, Geld sei alles, und erst wenn man älter wird, merkt man, dass es alles ist."

Oscar Wilde

Geld ist also nicht nur mit Lust verbunden, sich all das kaufen zu können, was man sich wünscht, von der Tüte Eis im Sommer bis hin zur Kokain-Party mit zwölf Prostituierten in einem Düsseldorfer Luxushotel, sondern auch mit Angst, beginnend damit, sich morgen nichts mehr zu essen kaufen zu können bis dahin, ohne Geld als ziemlich unangenehmer Mensch und Bordellbetreiber entlarvt zu werden und nicht mehr als der Prinz aus altem Adelsgeschlecht zu gelten.

Geld verändert die sozialen Beziehungen

Wir alle haben sicherlich schon die Erfahrung gemacht, dass man bei aller Faszination, die vom Geld ausgeht, längst nicht alles damit bezahlen kann und dass es neben der ökonomischen auch noch so etwas wie eine soziale Währung gibt, die nicht ohne weiteres gegen die ökonomische ausgetauscht werden kann. Dies wurde von dem amerikanischen Verhaltensökonom Dan Ariely in zahlreichen Experimenten immer wieder nachgewiesen, wie wir später noch sehen werden.

Die meisten Menschen sind allerdings, abhängig von ihrem gesellschaftlichen Umfeld, durchaus bereit, anderen zu helfen, ohne dafür gleich eine finanzielle Gegenleistung zu erwarten. Dankbarkeit wird akzeptiert, auch wenn sie sich in einem Geschenk ausdrückt, Bezahlung mit Geld aber nicht.

Geld verändert ganz offensichtlich die sozialen Beziehungen, oft in einer unerwarteten und in der Regel auch kaum noch rückgängig zu machenden Weise.

Kernsatz
Alles, wofür vorher ein Preis vereinbart wurde, wird nach ökonomischen Regeln abgewickelt und nicht mehr nach sozialen.

So schildert Ariely das Beispiel eines Kindergartens, in dem es oft vorkam, dass die Eltern nach Feierabend ihre Kinder zu spät abholten. Um diesen Missstand zu beheben, beschloss der Kindergarten, von den Eltern eine Verspätungsgebühr zu erheben, um sie zu pünktlichem Kommen anzuhalten. Doch das genaue Gegenteil trat ein. Die Eltern hatten nämlich jetzt das Gefühl, zu spät kommen zu dürfen, weil sie dafür ja schließlich eine zusätzliche Gebühr bezahlten.

Die meisten Leser werden in ihrer Jugend gemeinsam mit anderen Jugendlichen auch Partys gefeiert haben, bei denen sich jeder Teilnehmer verpflichtete, etwas mitzubringen, der eine den Wein, der andere einen Nudelsalat und der nächste Frikadellen. Es machte Spaß und war vollkommen ungezwungen.

Wahrscheinlich haben die meisten auch schon Partys erlebt, bei der einer alles beschaffte und die damit verbundenen Kosten auf die Teilnehmer umlegte. Dieses Modell stellte sich meist als weitaus weniger ungezwungen heraus, denn plötzlich ging es nicht mehr um eine gemeinsame, soziale Veranstaltung, sondern um Geld.

Entweder hatte dann der Organisator der Party das Gefühl, draufzulegen, oder zumindest der eine oder andere Teilnehmer das Gefühl, zu viel bezahlen zu müssen. Wenn das Geld aber aus einer gemeinsam angelegten Kaffeekasse stammte oder aber der Überschuss einem guten Zweck zufloss, tauchte bei niemandem der Eindruck auf, übervorteilt zu werden.

In diesem Zusammenhang können Pressebälle oder Wohltätigkeitsveranstaltungen für die meisten Teilnehmer gar nicht teuer genug sein. Je mehr sie zahlen müssen, desto höher ist das Prestige, und am schönsten ist es, wenn die Teilnahme der Veranstaltung so teuer ist, dass man ziemlich genaue Vorstellungen darüber hat, wer sie sich aus dem Verwandten-, Freundes- oder Nachbarschaftskreis nicht leisten kann. Plötzlich spielt die Geheimhaltung keine Rolle mehr.

Vielleicht erinnert sich der eine oder andere Leser auch noch an den Funkspot des real-Supermarkts, bei dem jemand seine Freunde anruft und zu einer Gartenparty einlädt. Diese sagen gern zu und stellen die fast obligatorische Frage: „Können wir noch etwas mitbringen?" Die Antwort beginnt harmlos, sie steigert sich dann aber ins Unermessliche. Eine Kiste Bier, zehn Steaks, zwei Grillgeräte, Grillkohle und zwei Hollywood-Schaukeln.

Der Eingeladene antwortet: „Kein Problem" und der Rundfunkspot schließt mit der Botschaft ab: „real. Einmal hin, alles drin". Ob damit tatsächlich auf humorvolle Weise die umfassende Kompetenz des Supermarkts untermauert wurde oder ob die beiden Teilnehmer des Telefongesprächs sich nicht einerseits als unmäßiger Nimmersatt und andererseits als Trottel, den man ausbeuten kann, outeten, sei nur einmal im Hinblick auf die „Master-and-Servant-Strategie" beim Gefangenenen-Dilemma als Frage in den Raum gestellt.

Ariely hat auch diverse Experimente zum Thema Unehrlichkeit gemacht. Dabei kam er zu dem Ergebnis, dass Menschen bei der Belohnungsvergabe besonders dann unehrlich werden, wenn ein Zwischentauschmittel, in seinem Experiment waren es Chips, eingesetzt werden.

In seinem Versuch ging es darum, dass Studenten nach ihrem Erfolg bei einigen Testaufgaben honoriert wurden. Sie wurden allerdings nicht kontrolliert, sondern brauchten am Ende nur die erreichte Punktzahl zu nennen. Dafür erhielten sie allerdings nicht sofort ihr Honorar, sondern ein paar Spielchips, die sie dann an einem anderen Tisch endgültig einwechseln konnten.

Die Tendenz, bei der Angabe der erreichten Punktzahl zu den eigenen Gunsten zu schummeln, stieg durch die Einschaltung der Chips als Zwischentauschmittel explizit an. Offensichtlich wurde der Fokus vom „Sozialbetrug" auf die Ebene „ökonomischer Betrug" verschoben, mit dem Ergebnis, dass die Studenten deutlich weniger Gewissensbisse hatten, sich unkorrekt zu verhalten.

Kernsatz
Geld verschiebt ganz offensichtlich die Maßstäbe, nach denen wir denken, handeln und entscheiden.

Bei Geld setzt der Verstand aus

Sobald Geld ins Spiel kommt, sind es nicht mehr die für das rationale Denken zuständigen Hirnregionen, die die Führung übernehmen, sondern eher die Systeme, die für Emotionen und Triebbefriedigung zuständig sind und das menschliche Verhalten schon seit Urzeiten steuern. Das konnte auch Armin Falk in seinen Neuroeconomics Lab an der Universität Bonn nachweisen.

Mit Hilfe der funktionellen Magnetresonanztomografie (fMRT) zeigte er, dass ein höherer Nominalwert mehr Befriedigung verschafft und das Belohnungssystem stärker aktiviert als ein geringerer Wert.

Die Entscheidung, die seine Versuchsteilnehmer treffen mussten, war recht simpel: Ihnen wurde eine ganz bestimmte Summe Geldes angeboten, mit der sie ihren wöchentlichen Lebensbedarf bestreiten sollten. Als Alternative konnten sie allerdings auch die doppelte Summe erhalten, wobei in diesem Fall auch sämtliche Preise verdoppelt wurden.

Die Frage lautete nun: Welches Szenario würden die Versuchsteilnehmer bevorzugen? Obgleich die reale Kaufkraft absolut identisch blieb, entschieden sie sich mehrheitlich für das Modell mit der doppelten Summe. Offensichtlich verschaffte ihnen der höhere Nominalwert mehr Befriedigung. Obgleich die Kaufkraft identisch war, hatten sie ein besseres Gefühl, wenn sie mehr Geld bekamen.

Armin Falk kam zu dem Ergebnis, „dass so etwas Neues wie Geld in einem alten, archaischen Bereich und nicht im rationalen Teil des Gehirns eine unmittelbare physiologische Wirkung hat. Offenbar assoziieren wir Geld so sehr mit Bedürfnisbefriedigung, dass beides quasi identisch ist."

Menschen sind nicht dafür gemacht, mit Geld umzugehen

„Geld ist ein abstraktes Konzept, das wir Menschen nicht verstehen". Zu dieser Erkenntnis ist der Verhaltensökonom Dan Ariely von der Duke-Universität schon vor geraumer Zeit gekommen. So sei es auch kein Wunder, dass viele Probleme des realen Lebens auf die Unfähigkeit, mit Geld umgehen zu können, zurückzuführen sind.

Ganz offensichtlich haben sowohl Waren wie auch Dienstleistungen nie einen objektiv korrekten Wert, und das gilt auch für Finanzprodukte und Finanzdienstleistungen. Würden wir in einem Geschäft nicht mit Geld bezahlen, sondern müssten wir den Preis einer Ware oder einer Dienstleistung ganz konkret vor Ort abarbeiten, so würde dies wahrscheinlich unser Kaufverhalten ganz gravierend verändern.

Das lässt sich unter anderem aus Experimenten ableiten, bei denen die Versuchspersonen die Wahl hatten, mit Geld oder mit Kreditkarte zu bezahlen. In dem Moment, wenn jemand seine Rechnung nur noch mit einer Unterschrift begleicht und nicht mehr physisch wahrnimmt, wie sich sein Portemonnaie leert, tätigt der Mensch Einkäufe, die er mit realem Geld nicht machen würde.

Diese Erkenntnis lässt sich auf alle Situationen des bargeldlosen Zahlungsverkehrs übertragen. Auch Investment-Banker machen dabei keine Ausnahme. Millionen per Mausklick hin und her zu verschieben, ist viel einfacher und hat mit dem, was das Gehirn als Wirklichkeit erlebt, viel weniger zu tun, als wenn Koffer, gefüllt mit Banknotenbündeln, über den Schreibtisch gereicht werden müssten.

Geld repräsentiert nie einen objektiven Wert, sondern immer nur einen relativen. Wenn ein bestimmtes Produkt in einem Geschäft 400 Euro kostet und in einem anderen, etwas entfernt liegenden nur 390 Euro, werden die zehn Euro Unterschied den Kunden in der Regel nicht veranlassen, dafür zusätzliche Mühen und Wegezeiten auf sich zu nehmen.

Kostet aber ein Produkt in einem Geschäft 20 Euro und in einem anderen, ebenfalls entfernten nur zehn Euro, entscheiden sich die meisten Kunden dafür, trotz des zusätzlichen Aufwands im günstigeren Laden einzukaufen. Jedes Mal geht es um zehn Euro, die gespart werden können, doch einmal stehen sie nur für ein Vierzigstel des Preises und einmal für die Hälfte.

> **Kernsatz**
> Preise werden gefühlt und nicht gerechnet.

Das gute Gefühl, etwas zu besitzen

Wie weit das Gefühl eine Rolle spielt, sieht man besonders gut anhand des so genannten Endowment-Effekts oder Besitztumseffekts. Entdeckt wurde er bereits 1980 von Richard Thaler und inzwischen durch immer neue Experimente nachgewiesen.

Der Besitztumseffekt besagt, dass eine Person den Wert eines Gutes höher ansetzt, wenn sie dieses Gut besitzt. Umgekehrt ist die Bereitschaft, dafür zu zahlen, geringer, wenn man es erwerben soll.

1991 hat Daniel Kahneman an eine Gruppe seiner Studenten Tassen verschenkt und sie dann gefragt, wie viel sie fordern würden, um diese Tasse wieder zu verkaufen. Er gab ihnen eine Preisspanne zwischen 9,25 Dollar und 0,25 Dollar. Der mittlere Preis, den die Studenten nannten, um sich von der Tasse wieder zu trennen, lag bei 7,12 Dollar.

Nun wurde eine andere Gruppe gefragt, welchen Preis sie bereit wären, für eine solche Tasse zu bezahlen. Hier lag das mittlere Gebot bei 2,87 Dollar. Wenn man etwas besitzt und es hergeben soll, erscheint es einem offensichtlich wertvoller, als wenn man es erwerben muss.

Das bedeutet allerdings nicht, dass Besitz grundsätzlich glücklicher macht. Das größte Glücksgefühl empfinden Versuchspersonen stets in dem Moment, wenn sie einen Gewinn oder den Erhalt eines Gutes erwarten. Haben sie es aber erst einmal in Besitz genommen, gewöhnen sie sich schnell daran, und die Freude sinkt kontinuierlich ab.

Das gilt für den Erwerb eines einfachen Kleidungsstücks ebenso wie für den Kauf eines Ferraris, einer Segelyacht oder einer Villa an der

Cote d'Azur. Besitzt man etwas erst einmal, ist die Freude darüber meist schon nach wenigen Tagen oder Wochen verflogen. Soll man es allerdings wieder hergeben, wächst die Wertschätzung meist überproportional bis hin zu vollkommen irrationalen Preisvorstellungen, die dann oft mit den merkwürdigsten Begründungen rational kaschiert werden.

Ein hoher Preis beim Verkauf eines Hauses wird oft damit begründet, dass man dort so viele schöne Jahre verlebt hat oder, dass der Vater zu seinen Lebzeiten einige Umbauten persönlich vorgenommen hatte. Solche Gründe interessieren den Käufer natürlich überhaupt nicht.

Es ist auch schon vorgekommen, dass ein Immobilienverkäufer kurz vor der Vertragsunterzeichnung beim Notar vom Verkauf zurückgetreten ist, weil der Käufer seine Forderungen akzeptiert hatte und der Verkäufer deshalb das Gefühl bekam, einen zu niedrigen Preis gefordert zu haben.

Die Börse ist wie ein Dschungel

Peter Bossaerts, Neuroökonom an der Polytechnischen Universität Lausanne, ist davon überzeugt, dass die Menschen dieselbe neuronale Maschinerie, die ihnen früher half, im Dschungel oder in der Steppe nach Nahrung zu suchen und zu überleben, auch an der Börse einsetzen. Fraglich erscheint nun allerdings, ob sich diese entwicklungsgeschichtlich uralten Systeme auch für finanzielle Entscheidungen eignen.

Die Risikoabschätzungsareale im Gehirn sind sowohl darauf ausgelegt, Gewinne zu maximieren, aber auch darauf, Risiken zu minimieren. In einem Spielkartenexperiment konnte Bossaerts nachweisen, dass Angstreflexe als Reaktion auf Verluste einer nüchternen Risikoabschätzung entgegenstehen.

Bei dem Spielkartenexperiment ging es darum, dass nacheinander Karten aufgedeckt wurden und der Spieler einen Dollar gewinnen konnte, wenn der Wert der nachfolgenden Karte höher war als der der vorhergehenden. Allerdings musste sich der Spieler immer wieder neu entscheiden, ob er auf die folgende Karte setzen wollte oder nicht.

Da sich die Gewinnchance nach dem Wert der zuvor aufgedeckten Karte immer wieder änderte, musste auch das Risiko neu eingeschätzt werden. Hier zeigte sich, dass der Angstreflex als Reaktion auf Verluste das nüchterne Kalkulieren der nachfolgenden Entscheidung stark beeinträchtigte.

Bossaerts folgerte daraus, dass der Verstand beim Geld oft aussetzt, weil finanzielle Risiken extrem schwer vorherzusagen sind, auf jeden Fall deutlich schwerer als natürliche. Er geht davon aus, dass die Lebensbedingungen der Menschen immer riskant waren und sie das Gehirn so formten, dass sie mit den vorhandenen Risiken der Vergangenheit leben und sogar überleben konnten.

An die Bedingungen der Finanzmärkte sei das Gehirn aber einfach noch nicht angepasst, so dass die damit verbundenen Prognosen eher Zufallsprodukte sind. Man müsse an den Börsen mit Risiken umgehen, die das Gehirn einfach noch nicht verstehen kann.

Zitat:

„Hat man Aktien, so zittert man, sie könnten fallen; hat man keine, so zittert man, sie könnten steigen

André Kostolany

„Was geht im Kopf eines Börsianers vor, wenn eine Schlussfolgerung über die Folgen eines Aktiengeschäfts zwar logisch gesehen die richtige wäre, diese aber im Widerspruch zu dem steht, was der Börsenmakler aus Erfahrung für richtig hält?"

Dieser Frage ging der Giessener Professor für allgemeine Psychologie und Kognitionsforschung Markus Knauff in einer Studie nach, die er mit 20 erfahrenen Börsenmaklern, die zum Teil seit mehr als zehn Jahren für große Finanzunternehmen an der Frankfurter Börse tätig sind, nach. Es stellte sich heraus, dass die Börsenmakler kaum in der Lage sind, allein logisch zu denken und ihre früheren Erfahrungen zurückzustellen.

Das Problem besteht ganz offensichtlich darin, sich von vermeintlich richtigen Denkmustern zu lösen. Die Defizite beim logischen Denken machten sich besonders dann bemerkbar, wenn eine logische Entscheidung nicht mit den vorhandenen Erfahrungen übereinstimmte.

In diesen Fällen zogen die Versuchsteilnehmer nicht nur sehr oft die falschen Schlüsse, sondern es dauerte auch viel länger, bis eine Entscheidung getroffen wurde. Am Ende schnitten die Börsenmakler schlechter ab als eine Vergleichsgruppe von Versuchspersonen, die keinerlei Börsenerfahrung hatte.

Knauff ist der Ansicht, dass die Finanzmarktkrise von 2008 viel stärker durch psychologische Faktoren beeinflusst wurde, als es die Vertreter der marktstrategischen Theorien einräumen wollen. Selbst wenn bei einem Beteiligten nicht aus kurzfristiger Geldgier gehandelt wurde, sondern der Wille vorhanden war, das Richtige zu tun, reichten die dominierenden Erfahrungen oft nicht aus, um die Konsequenzen der Finanzentscheidungen und deren Wechselwirkungen in ihrer Komplexität vorherzusehen.

Zitat:

„An der Börse sagt uns oft das Gefühl, was wir machen, und der Verstand, was wir vermeiden sollen."

André Kostolany

Im Prinzip bestätigt sich sowohl in psychologischen wie auch besonders in den neurowissenschaftlichen Studien, dass rein rationale Entscheidungen ohnehin kaum möglich sind. Bringt man Versuchsteilnehmer in den Konflikt, sich zwischen moralisch richtigem und rein logisch richtigem Verhalten zu entscheiden, lassen sich immer wieder emotionale Bewertungen und starke Gefühle im Gehirn nachweisen.

Börsianer haben es in ihrem täglichen Geschäft offensichtlich viel häufiger mit dem Eisenbahnwaggon-Dilemma zu tun, als sie es sich selbst eingestehen wollen, und geben häufiger ihren Gefühlen nach, was letztendlich für sie spricht, auch wenn es nicht den Erwartungen ihrer Kunden entspricht.

Es taucht nun natürlich die Frage auf, ob man versuchen sollte, den Börsenmaklern und auch anderen Entscheidern in der Wirtschaft die emotionale Komponente abzutrainieren oder ob es nicht besser wäre, die emotional-moralischen Komponenten von Entscheidungen bewusster, kommunizierbarer und gesellschaftlich akzeptabler zu machen.

Zitat:

„Es gibt nichts, was so verheerend ist, wie ein rationales Anlegerverhalten in einer irrationalen Welt."

John Maynard Keynes

Wie die Deutschen mit Geld umgehen

Hinsichtlich ihres Umgangs mit Geld versucht man in der Alltagspsychologie, aber auch in der empirischen Sozialforschung, die Menschen immer wieder in verschiedene Typen einzuordnen, zum Beispiel in die acht Typen, die Sinus Sociovision in einer im Jahr 2004 veröffentlichten Studie im Auftrag der Commerzbank identifiziert hat: Der Souveräne, der Ambitionierte, der Pragmatiker, der Delegierer, der Sicherheitsorientierte, der Bescheidene, der Resignierte und der Sorglose.

Dem **Souveränen** ist der Umgang mit dem Thema Geld angeboren oder wurde durch das Elternhaus geprägt. Er kümmert sich selbstverständlich um das Thema sowohl zur Existenzsicherung als auch zur Wohlstandsmehrung. Der Souveräne ist in Finanzangelegenheiten interessiert und informiert sich regelmäßig im Wirtschafts- und Finanzteil der Zeitungen.

Für den **Ambitionierten** besitzt Geld einen zentralen Stellenwert. Es dient als wichtiger Gradmesser für seinen persönlichen Erfolg. Er ist noch stärker als der Souveräne an Geldthemen interessiert und informiert sich möglichst umfassend. Er ist bereit, relativ hohe Risiken einzugehen und geht beim Umgang mit Finanzen auch spielerisch-lustvollen Neigungen nach.

Für den **Pragmatiker** dagegen stellt Geld keinen Wert an sich dar, sondern er sieht es nur als Mittel zum Zweck. Geld ist kein Thema, über das er gern und intensiv spricht. Nur auf Druck von außen, zum Beispiel von den Medien, oder aus persönlicher Notwendigkeit, wenn es zum Beispiel um seine Altersvorsorge geht, beschäftigt er sich damit.

Der **Delegierer** hat selbst wenig Interesse an Geldthemen und verlässt sich bei Finanzentscheidungen in erster Linie auf „Experten" aus seinem familiären Umfeld oder Freundeskreis. Finanzthemen werden zwar in diesem Rahmen diskutiert, der Delegierer selbst sucht aber nicht gezielt und aktiv nach Informationen.

Der **Sicherheitsorientierte** ist meist materiell gut gestellt. Sein Motto ist „Geld macht nicht glücklich, beruhigt aber". Er ist zwar für Geldthemen aufgeschlossen, zeigt dabei aber kein ambitioniertes Engagement. Der Sicherheitsorientierte legt Wert auf Vermögensbildung und investiert eher in konservative und sichere Anlageformen. Dabei verfolgt er kontinuierlich die Entwicklungen auf dem Finanzmarkt, schichtet seine Anlagen um und investiert in neue.

Der **Bescheidene** zeichnet sich durch eine klassische Sparermentalität aus. Er ist in Geldangelegenheiten vorsichtig-defensiv und strebt keine hochgesteckten Ziele an. Es reichen ihm ein befriedigender Lebensstandard und ein Eigenheim. Finanzthemen erlebt er als sehr privat und redet deshalb nur im engeren Familien- und Freundeskreis darüber.

Der **Resignierte** oder Überforderte ist wegen seiner eingeschränkten finanziellen Spielräume frustriert und ignoriert Geldangelegenheiten passiv-abwehrend. Er sieht sich als „Opfer" oder „Underdog", setzt sich nicht konstruktiv mit Finanzen auseinander und verstellt sich somit den rationalen Blick auf Chancen. In Gesprächen um Geld geht es meist nur um den vorhandenen Mangel.

Der **Sorglose** zeigt sich an Geldthemen passiv-desinteressiert und vermeidet eine rationale Auseinandersetzung zum Beispiel mit dem Thema Altersvorsorge. Er lebt im Hier und Jetzt, lebt seine Konsumfreude aus und verzichtet auf einen planvollen, vorsorgenden Umgang mit Geld.

Fast ein Fünftel der befragten 1.000 Deutschen im Alter zwischen 18 und 65 Jahren (19 Prozent) wurden als Resignierte eingestuft, 16 Prozent als Sorglose und 10 Prozent als Bescheidene.

Damit zählt fast die Hälfte der Deutschen (45 Prozent) zu den „problematischen" Geldtypen, die Finanzthemen mit Unkenntnis, Misstrauen und Abwehr gegenüber stehen. Problematisch sind sie deshalb, weil die betroffenen Menschen das Geldthema oft verdrängen und dann schnell in eine finanzielle Schieflage geraten können.

Interesse und Spaß and Geldthemen und Sachkenntnisse, die sie auch erfolgreich nutzen, haben nur die Ambitionierten (sieben Prozent) und die Souveränen (11 Prozent). Das sind zusammen 18 Prozent und damit weniger als die Resignierten allein.

16 Prozent der Befragten wurden als Pragmatiker eingestuft, elf Prozent als Sicherheitsorientierte und zehn Prozent als Delegierer, das heißt 37 Prozent der Deutschen kümmern sich zwar um ihre privaten Finanzen, es fehlt ihnen aber an Engagement und Selbstvertrauen, um ihre Chancen ausreichend zu nutzen.

Warum den Deutschen Finanz-Kompetenz fehlt

Die Deutschen sind ein Volk der Selbstüberschätzung, wenn es um Finanzfragen geht, hat eine repräsentative Umfrage des Mannheimer Instituts für praxisorientierte Sozialforschung (Ipos) im Auftrag des Bundesverbandes deutscher Banken ergeben. Spontan behaupteten zwar sieben von zehn Befragten, dass sie sich in Geld- und Finanzfragen gut auskennen. Bei Nachfrage erklärten aber 56 Prozent, die Aussage, „keine Ahnung vom Börsengeschehen zu haben", treffe auf sie „eher" oder „voll" zu.

In keiner anderen Altersgruppe trat die fehlende Finanz-Kompetenz so deutlich zutage wie bei den 18- bis 24-Jährigen. 39 Prozent von ihnen erklärten, keinerlei Interesse an Wirtschaft zu haben, 36 Prozent gaben „etwas" Interesse an.

Es gibt verschiedene Gründe dafür, dass so viele Deutsche nur über mangelhaftes Wissen über den Umgang mit Geld verfügen.

Zum einen liegt es sicher daran, dass Geld in Deutschland immer noch ein Tabuthema ist. Die persönlichen Finanzen sind Bestandteil der Intimsphäre, weil die eigene Person über Einkommen und Vermögen bewertet und Geld als Gradmesser für den Lebenserfolg angesehen wird. Also redet man nicht über Geld, vor allem wenn man nicht genügend davon hat. Wenn andere Leute über Geld reden, kann dies durchaus zu Neidgefühlen und zu aggressivem Verhalten führen.

Derjenige, für den Geld ein Tabuthema ist, beschäftigt sich nicht angemessen und offen mit dem Thema Geldanlage. Er meidet den persönlichen Kontakt zu Beratern, informiert sich lieber aus Fachmedien und fragt im Notfall einen in Gelddingen kompetenten Freund.

Viele Menschen sind es auch ganz einfach nicht gewohnt, sich um ihre privaten Finanzen zu kümmern. Sie verhalten sich in diesen Dingen „unmündig", weil sie sich entweder in ihrer „Vollkaskomentalität" auf den „Versorgungsstaat" verlassen oder auf ihre Eltern oder Lebenspartner.

Zu den „Unmündigen" zählen vor allem junge Leute bis zum Alter von 30 Jahren, die noch in der Ausbildung sind, und ältere Frauen, die nie berufstätig gewesen sind. „Unmündige" fühlen sich überfordert, sich mit Geldangelegenheiten zu beschäftigen, deshalb kümmern sie sich auch nicht darum und ignorieren die Notwendigkeit.

Sicher spielt auch bei nicht wenigen Menschen eine Rolle, dass das Thema „Umgang mit Geld" für sie zu abstrakt ist, vor allem wenn ein großer zeitlicher Abstand zwischen der Geldentscheidung und ihren Konsequenzen besteht. Hinzu kommt, dass erfahrungsgemäß Prognosen zur Altersabsicherung nicht möglich sind oder sich als falsch erwiesen haben, was zu Angst vor Misserfolg oder falschen Entscheidungen führt. Deshalb beschäftigt man sich nicht gern mit dem Thema, nach dem Motto, wenn man nichts tut, kann man auch nichts falsch machen. Zudem wird diese Haltung, weil allgemein in der Bevölkerung Zukunftspessimismus herrscht, noch sozial honoriert.

Durch die Komplexität des Themas Geldanlage fühlen sich viele Menschen schnell überfordert. Sie können die Vielzahl der angebotenen Produkte und Dienstleistungen nicht mehr durchschauen und bewerten und empfinden auch die sprachliche Vermittlung der Materie als zu kompliziert. Die Folge sind Angst und Unsicherheit, was in der Regel zur Verdrängung oder Delegation der anstehenden Entscheidungen führt.

Eine Rolle spielt sicherlich auch die Tatsache, dass „finanzielle Cleverness" in Deutschland einen eher schlechten Ruf hat. Menschen, die stark nach Geld streben, können keinen guten Charakter haben, vor allem wenn sie das Geld nicht mit ihrer Hände Arbeit verdienen, und ein Aktionär gilt als Spieler, nicht als Investor. Beispiele dafür kennt man ja genug aus den Medien. Für den Einzelnen besteht kein Anreiz, sich in Geldangelegenheiten Kompetenz anzueignen. Er zeigt offensiv sein Desinteresse in Gelddingen, um sich von den Zockern abzusetzen, und er nimmt nur den Rat von privaten Experten in Anspruch.

Schließlich erscheint es vielen Privatleuten nicht rentabel genug, sich mit dem Thema Geld ausgiebig zu beschäftigen. Dabei geht es ihnen nicht nur um materielle Gewinne, sondern auch um soziale Anerkennung sowie um eine psychische Belohnung. Da für sie erfahrungsgemäß diese Ziele nicht in ausreichendem Maß erreichbar sind, lohnt es sich für sie auch nicht, in dieses Thema viel Zeit zu investieren. Sie konzentrieren sich also auf das Notwendige.

Eine Ende 2007 veröffentlichte Studie der Fondsgesellschaft Cominvest meint, einen Bewusstseinswandel bei den Deutschen in Bezug auf Finanzfragen festzustellen. Die Befragung von 1.500 Personen im Alter zwischen 18 und 60 Jahren habe ergeben, dass die verstärkte Beschäftigung mit der Altersvorsorge den Wissenstand verbessert habe. 74 Prozent der Befragten seien sich darüber im Klaren, dass sie mehr Eigenverantwortung bei der finanziellen Absicherung für das Alter übernehmen müssen.

Insgesamt sei es so, dass die Deutschen ihr Wissen in Finanzfragen unterschätzten. 34 Prozent der Befragten meinten, ihre Kenntnisse über Festgeld, Aktien und Aktienfonds sei gut genug, um Vor- und Nachteile dieser Anlageform zu erklären. Ein Wissenstest habe aber ergeben, dass sich 73 Prozent recht gut auskennen. Vielleicht möchte mit diesem Ergebnis eine Fondsgesellschaft auch nur ihren Kunden schmeicheln.

Mehr zum Thema, wie die Deutschen mit Geld umgehen, finden Sie im Kapitel „Wie sich das Vermögen der Deutschen verteilt" auf S. 134.

Zusammenfassung

Geld hat für den Menschen verschiedene ökonomische Bedeutungen, aber auch die Gefühle spielen eine wesentliche Rolle. Verschiedene Experimente der Neurowissenschaften haben gezeigt, dass bei Geldangelegenheiten die Menschen nicht rational entscheiden, sondern emotional.

45 Prozent der Deutschen stehen Finanzthemen mit Unkenntnis, Misstrauen und Abwehr gegenüber. Nur 18 Prozent haben Interesse und Spaß daran, sich mit dem Thema Geld zu befassen und verfügen über Sachkenntnisse, die sie auch erfolgreich nutzen.

Was den richtigen und falschen Umgang mit Geld bestimmt

Was Sie in diesem Kapitel erwartet

In diesem Kapitel geht es um Entscheidungen. Unter welchen Voraussetzungen werden sie gefällt und welche Kriterien werden dabei angelegt? Welche Fehler werden gemacht und wie können sich diese auswirken?

Die Mehrzahl der Entscheidungen treffen wir unbewusst

Das Leben ist eine unendliche Abfolge von Entscheidungen. Jede willkürliche Bewegung, jede Aktion und auch die meisten Reaktionen oder auch Nichtreaktionen beruhen auf Entscheidungen, die in Bruchteilen von Sekunden getroffen werden. Weit mehr als 99,9 Prozent der Entscheidungen werden unbewusst getroffen und vom Menschen gar nicht als solche wahrgenommen.

Es würde das Gehirn viel zu sehr in Anspruch nehmen, sowohl kleinste Entscheidungen als auch Entscheidungen, die in einem größeren Kontext stehen, bewusst zu durchdenken. Wer zum Beispiel einen Termin in der Stadt hat, wird mit größter Wahrscheinlichkeit das am dichtesten gelegene Parkhaus anfahren, ohne zu prüfen, ob es noch andere, günstigere Parkmöglichkeiten in größerer Entfernung zum Ort des Treffens gibt.

Die Entscheidung für die nächstmögliche Abstellmöglichkeit für das Auto wird quasi automatisch getroffen, ohne die sicherlich vorhandenen Alternativen einzeln in Betracht zu ziehen. Ähnlich ist es, wenn ein Cent-Stück auf der Straße liegt. Die meisten Menschen entscheiden bei einer so kleinen Münze blitzschnell, ob es sich lohnt, sich zu bücken, oder einfach weiter zu gehen.

Bewusste Überlegungen anzustellen ist auch gar nicht nötig, denn die meisten Entscheidungen gelten nur für einen kurzen Moment und ziehen auch keinerlei direkte Konsequenzen weder im positiven wie im negativen Sinne nach sich. Man kann sich so oder anders verhalten, meist ist es für einen selbst, für die Umgebung und für die Zukunft völlig egal.

Wie wir die eigenen Entscheidungen bewerten

Doch es gibt eben auch andere bedeutsame Entscheidungen, die die Menschen meist nach drei Kriterienpaaren ordnen:

- Zum einen gibt es wichtige und unwichtige Entscheidungen, deren Bewertung sich leider oft erst im Nachhinein als richtig oder falsch herausstellt.

- Dann unterscheiden die Menschen meist nach emotionalen, gefühlsorientierten Entscheidungen und rationalen, vernunftorientierten.

- Das dritte Entscheidungspaar ist die Unterscheidung nach überlegten und spontanen Entscheidungen.

Aus unserer allgemeinen Lebenserfahrung wissen wir jedoch, dass diese Entscheidungskriterien einerseits nicht unabhängig voneinander ihre Wirkung entfalten und andererseits auch in Abhängigkeit von der jeweiligen Situation ein unterschiedlich starkes Gewicht bekommen.

Nehmen wir als Beispiel nur einen Einkaufsbummel in der Stadt. Wir haben eine Liste dabei, auf der die Dinge stehen, die wir kaufen möchten, bevor die Geschäfte schließen. Plötzlich stellt sich bei uns aber ein Hungergefühl ein. Warum, können wir nicht erklären. War es vielleicht der Duft nach Kaffee und frischem Gebäck aus der Konditorei gegenüber, der leckere Bratwurstgeruch vom Imbissstand oder der Duft aus der Pizzeria? Wir wissen es nicht. Doch gerade Düfte können Entscheidungen und das nachfolgende Verhalten sehr stark beeinflussen.

Plötzlich ist unsere Einkaufsliste gar nicht mehr so wichtig, stattdessen möchten wir etwas essen. Dass solche Wünsche und die Entscheidung, sie zu befriedigen, von großer Bedeutung sind, wissen zum Beispiel die Nahrungsmittelkonzerne sehr genau und konzentrieren sich nach dem Motto „Was immer, wann immer und wo immer" auf die Befriedigung der Kundenwünsche mit Snacks und Getränken zum Mitnehmen.

Pech, wenn wir uns gerade in der Lebensmittelabteilung eines Kaufhauses befinden, wir werden uns schneller für den Kauf von Produkten entscheiden und wir werden wahrscheinlich auch mehr kaufen, als wir ursprünglich beabsichtigten und auf unserem Zettel hatten.

Doch was ist mit unserem Hunger? Die Entscheidung fällt für einen Snack zwischendurch und für etwas, worauf wir Appetit haben. Ist das vernünftig? Ach was, so groß ist die Portion ja gar nicht, und außerdem duftet der Snack nicht nur lecker, sondern sieht auch gut aus.

Vernünftig ist die Entscheidung wahrscheinlich nicht, aber man hat ein sehr gutes Gefühl dabei. Vielleicht hätten wir lieber etwas ausgiebiger frühstücken sollen, weil wir wussten, dass der Stadtbummel länger dauern würde. Gut, das werden wir beim nächsten Mal berücksichtigen. Man muss schließlich auch einmal spontan sein dürfen.

Natürlich gibt es beim Stadtbummel noch eine ganze Reihe anderer Situationen, die unsere vorgefassten und auf einer Einkaufsliste festgehaltenen Entscheidungen beeinflussen und verändern. Da gibt es auf einmal Sonderangebote und Waren, die mit hohem Rabatt verkauft werden. Da gibt es Dinge, die neu sind, die man vorher noch nie gesehen hat und die einem ganz hervorragend gefallen.

Man wird sich vielleicht sagen, „so günstig bekomme ich es nie wieder", und aus einer spontanen Entscheidung wird plötzlich eine überlegte und vernunftorientierte. Unwichtiges wird plötzlich wichtig, spontane Wünsche bekommen plötzlich eine vernünftige Begründung und das, was wir ursprünglich einkaufen wollten, verliert an Bedeutung.

Wir wissen alle, dass wir eigentlich als ökonomisch denkende Menschen so nicht handeln sollten und dass wir es dennoch tun. Wir wissen genau, dass wir unsere Meinungen sehr schnell ändern können und alte Begründungen durch neue ersetzen, die wir für besser halten. Natürlich haben das auch die Wissenschaftler am eigenen Leib erlebt und sich gefragt, warum das so ist.

Die Regeln der klassischen Ökonomie versagen

Nach den Regeln der klassischen Ökonomie müssten es in erster Linie äußere Bedingungen sein, die unser Verhalten steuern. Der Bedarf nach einem bestimmten Gut, sein Preis und seine Qualität sowie das verfügbare Einkommen sollten eigentlich unsere Entscheidungen lenken. Doch sie tun es eben nicht. Die Neuroökonomie sieht das ökonomische Verhalten von ganz anderen Bedingungen beeinflusst.

Im Alltag scheinen die beschriebenen sechs Aspekte zwar prinzipiell auszureichen, um die Qualität einer eigenen Entscheidung einordnen und beurteilen zu können. Aus wissenschaftlicher Sicht stellt sich das allerdings ganz anders dar.

Inzwischen gibt es eine ganze Reihe von theoretischen Ansätzen, die unser Entscheidungsverhalten erklären. So können wir zunächst einmal die Bedingungen genauer betrachten, unter denen eine Entscheidung getroffen wird. Es gibt zwei grundsätzliche Möglichkeiten. Man trifft eine Entscheidung unter Sicherheit oder unter Unsicherheit.

Entscheidungen unter Sicherheit

Eine Entscheidung unter Sicherheit bedeutet, dass die Vorhersagen, die die jeweilige Person im Zusammenhang mit der Entscheidung trifft, mit größter Wahrscheinlichkeit eintreten. Die kommende Situation wird als bekannt vorausgesetzt.

Wenn wir den Lichtschalter betätigen, geht das Licht aus, wenn wir den Zündschlüssel im Wagen umdrehen, springt der Motor an. So sollte es jedenfalls nach unseren Erfahrungen sein und ist es in der Regel auch.

Treten die gewünschten Ereignisse oder Situationen allerdings nicht ein, wird das zunächst nichts daran ändern, dass wir diese Entscheidung auch in Zukunft mit Sicherheit wieder auf die gleiche Weise treffen werden. Gelegentlich kann zwar ein Lichtschalter oder ein Anlasser im Auto defekt sein, aber das ist nicht die Regel. Wir sind zwar im Moment irritiert und müssen Alternativentscheidungen treffen, aber am Grundsatz ändert das nichts.

Das Gleiche gilt auch für bestimmte Finanzentscheidungen. Sparverträge mit festgeschriebenen Zinssätzen können wir mit der gleichen Sicherheit unterzeichnen, wie wir festverzinsliche Wertpapiere, wie zum Beispiel staatliche Schuldverschreibungen oder Unternehmensanleihen, kaufen können. Dass eine Bank pleite geht und dann nicht die entsprechenden Sicherungssysteme einspringen, ist ebenso unwahrscheinlich wie ein Staatsbankrott, zumindest bei den großen Industrienationen.

Jeder Mensch möchte seine Entscheidungen am liebsten immer unter Sicherheit treffen. Leider steht gerade im Finanzbereich ein hohes Maß an Sicherheit im umgekehrt proportionalen Verhältnis zum zu erwartenden Gewinn. Deshalb neigen viele Menschen gerade bei der Kapitalanlage dazu, auch Entscheidungen unter Unsicherheit zu treffen. Wie solche Entscheidungen unter Unsicherheit beschaffen sind, werden wir uns gleich anschauen. Zunächst sollten wir uns aber einmal ansehen, was es mit der „falschen Sicherheit" auf sich hat.

Entscheidungen unter „falscher Sicherheit"

Weil sich viele Menschen gerade bei der Anlage ihres Geldes eine große Sicherheit wünschen, andererseits aber auch eine möglichst hohe Rendite, werden die Verkäufer von Finanzprodukten – um nichts anderes als Verkäufer handelt es sich, in der Regel auch bei jenen, die sich Berater nennen – versuchen, den Aspekt der Sicherheit ebenso bedeutend darzustellen wie den Aspekt der Rendite.

Das Zauberwort in diesem Zusammenhang lautet „Vertrauen". Hier man kann nur auf den alten Leitsatz von Lenin verweisen „Vertrauen ist gut, Kontrolle ist besser". Absolute Sicherheit gibt es nicht, wie wir schon an dem Beispiel des Lichtschalters oder des Autoanlassers gesehen haben. Aber immerhin gibt es eine größtmögliche Sicherheit, die entweder auf Erfahrung, wie bei den genannten Beispielen, oder auf genauer Kenntnis aller Umstände beruht.

Im Zusammenhang mit Finanzentscheidungen bedeutet dies, nicht nur das Kleingedruckte eines Vertrages genau zu lesen, sondern auch zu verstehen, was mit den verschiedenen Ausführungen und Formulierungen gemeint ist. Das liegt allerdings oft nicht im Interesse der

Verkäufer, die ihre Kunden in falscher Sicherheit wiegen wollen. Wir werden auf das Thema Vertrauen statt Sicherheit noch an anderen Stellen zurückkommen.

Jeder, der Finanzentscheidungen trifft, sollte sich nach dem oben Gesagten also lieber damit vertraut machen, wie Entscheidungen unter Unsicherheit getroffen werden. Dieser Aspekt ist für die Wissenschaft nicht nur von größerer Bedeutung, sondern auch viel interessanter.

Entscheidungen unter Unsicherheit

Bei Entscheidungen unter Unsicherheit (decision making under uncertainty) ist nicht mit Sicherheit bekannt, welche zukünftige Situation eintritt. Die Vorhersagemöglichkeiten sind entweder sehr begrenzt oder so breit gefächert, dass sie nicht mehr zu überschauen sind, und die Erfahrungen aus der Vergangenheit bieten nur geringe Anhaltspunkte.

Dies haben wir zum Beispiel bei der Immobilienkrise in den USA im Jahr 2007 gesehen, die sich im Herbst 2008 zu einer weltweiten Finanzkrise und dann zu einer allgemeinen Weltwirtschaftskrise ausgeweitet hat. Wenn es warnende Stimmen gab, wurden sie nicht gehört, es wurde so lange nach bestehenden, scheinbar sicheren Mustern weiter entschieden, bis der Crash kam und fast nichts mehr funktionierte. Was fehlte, war das Bewusstsein für bestehende Unsicherheiten.

Grundsätzlich unterscheidet man Entscheidungen unter Unsicherheit einerseits nach Entscheidungen unter Risiko (decision making under risk) und andererseits nach Entscheidungen unter Ungewissheit (decision making under ambiguity).

Entscheidungen unter Risiko

Von einer Entscheidung unter Risiko spricht man immer dann, wenn derjenige, der die Entscheidung zu fällen hat, die möglichen eintretenden Situationen kennt und auch die damit verbundenen Wahrscheinlichkeiten.

Eine klassische Situation für eine Entscheidung unter Risiko ist zum Beispiel das Roulettespiel. Setzt man hier auf eine einfache Chance, also zum Beispiel auf Rot oder Schwarz, so weiß man, dass die Wahrscheinlichkeit, dass eine der beiden Farben gewinnt, gleichermaßen hoch ist, es sei denn die Kugel fällt auf die Null und beide Farben verlieren. Im Falle eines Gewinns erhält man den doppelten Einsatz zurück.

Im Roulettespiel sind wie beim Lotto oder bei den Klassenlotterien sowohl die Wahrscheinlichkeiten als auch die Gewinn- oder Verlustchancen genau bekannt. Die Chancen, beim Lotto den Hauptgewinn zu erhalten, das heißt 6 aus 49 plus Superzahl richtig zu tippen, liegen bei 1 zu 140 Millionen.

Anders als beim Roulette würde es beim Lotto allerdings keinen Sinn machen, rund 140 Millionen verschiedene Tipps abzugeben, denn die Auszahlung beim Lotto beträgt nur 50 Prozent der eingezahlten Einsätze. Selbst wenn man gewinnt, würde man also verlieren. Dass dennoch Glücksspiele so beliebt sind, lässt sich zwar neurowissenschaftlich aus der besonderen Bedeutung von Erwartungen begründen, nur „vernünftig" sind diese nicht.

Entscheidungen unter Ungewissheit

Leider wird gerade bei Kapitalanlagen häufig die Entscheidung unter Risiko mit der Entscheidung unter Ungewissheit verwechselt.

Eine Entscheidung unter Ungewissheit liegt nämlich immer dann vor, wenn man zwar die eintretenden Situationen vorhersehen kann, aber nicht die Eintrittswahrscheinlichkeiten. Wenn man zum Beispiel Aktien kauft, weiß man sehr genau, dass der Kurs der Aktien in Zukunft gleich bleiben, steigen oder fallen kann. Wann allerdings welches Ereignis mit welcher Sicherheit eintritt, ist nicht vorherzusagen, auch wenn dies von vielen Anlegern und Anlageberatern behauptet wird.

In der Umgangssprache wird in diesem Zusammenhang immer gern von einem „Anlagerisiko" gesprochen, das von den Verkäufern von Geldanlagen natürlich immer kleingeredet wird, tatsächlich handelt es sich aber unter den Gesichtspunkten der Entscheidungstheorie nicht um Risiken, die der Anleger eingeht, sondern um Ungewissheiten.

Würde uns aber der Berater in einer Bank Anteile an einem Aktienfonds verkaufen wollen und uns dabei auf die Ungewissheit der künf-
tigen Wertentwicklung hinweisen, würden die Alarmglocken deutlich
lauter schrillen als bei dem Hinweis, dass bei der Kursentwicklung
immer ein gewisses Risiko besteht. Risiko und Ungewissheit sind also
keineswegs zwei synonyme Begriffe für denselben Tatbestand, sondern
bezeichnen etwas sehr Unterschiedliches. Wir sehen also, wie sehr die
Sprache unser Denken beeinflusst.

Kernsatz
Risiko und Ungewissheit bezeichnen keineswegs denselben Tatbestand, sondern etwas sehr Unterschiedliches.

Tatsächlich werden die meisten Entscheidungen, und das gilt nicht
nur für den Finanzbereich, unter ungewissen Umständen getroffen.
Diese Ungewissheit wird jedoch meist so behandelt, als wenn es sich
nur um Risiken handelt. Das schlägt sich auch in der Betrachtungsweise der klassischen Ökonomie nieder, denn die geht davon aus, dass die
Menschen ihre Entscheidungen danach ausrichten, welches Ergebnis
am wahrscheinlichsten ist und ihnen den größten Nutzen verspricht.

Hier wird ein rein am Zweck orientiertes rationales Verhalten unterstellt. Dass dies aber nicht der Realität entspricht, wurde inzwischen
sowohl durch die verhaltensökonomische als auch durch die neuroökonomische Forschung bestätigt.

Um uns den komplexen Problemen von Entscheidungen auch noch
einmal von einigen anderen Seiten zu nähern, sollten wir uns sowohl
mit bestimmten theoretischen Überlegungen als auch mit Erkenntnissen der empirischen Forschung befassen.

Die Neue Erwartenstheorie

Im Jahr 1979 wurde von Daniel Kahneman und Amos Tversky die Neue Erwartenstheorie (prospect theory) als Alternative zur klassischen Erwartungs-Nutzen-Theorie vorgestellt. Nach dieser auf psychologischen Experimenten beruhenden Theorie werden ökonomische Entscheidungen und damit auch Finanzentscheidungen durch eine ganze Reihe von Wahrnehmungsverzerrungen (biases) beeinflusst.

Im Einzelnen enthält diese Theorie folgende Punkte:

Überzogenes Selbstvertrauen (overconfidence)

Ein wichtiges Merkmal des überzogenen Selbstvertrauens ist die Überschätzung der eigenen Fähigkeiten bei der Beurteilung komplexer Zusammenhänge. Wie es dazu kommt, ist aus neurowissenschaftlicher Sicht noch nicht eindeutig geklärt.

Wir wissen allerdings, dass äußere Einflüsse, auch solche, die mit dem eigentlichen Problem überhaupt nichts zu tun haben, eine ebenso große Wirkung auf Entscheidungen entfalten wie persönliche Erfahrungen aus der Vergangenheit. Zum Teil würde man die Einflussfaktoren, die sich auswirken, als geradezu lächerlich bezeichnen, wären sie nicht experimentell nachgewiesen worden.

Ein Beispiel von vielen dafür, wie Entscheidungen durch fremde Faktoren beeinflusst werden können, beschrieben die beiden Psychologen John Bargh und Lawrence Williams von der Yale University in New Haven, Connecticut. Vordergründig ging es dabei darum, dass Studenten im Rahmen einer Studie den Charakter einer hypothetischen Person anhand bestimmter Kriterien einschätzen sollten.

Tatsächlich ging es aber darum, wie man diese Einschätzung beeinflussen kann. Deshalb traf jeder der Studenten auf dem Weg zum Versuch einen wissenschaftlichen Assistenten, der einen riesigen Stapel von Büchern und Akten auf dem Arm trug und gleichzeitig noch ein Getränk in der Hand hielt. Er bat die jeweilige Versuchsperson um Hilfe in der Form, dass sie ihm während der Fahrt im Fahrstuhl das Getränk halten sollte.

Der Hälfte der Versuchspersonen gab er einen Becher mit heißem Kaffee in die Hand, die anderen erhielten einen kalten Eiskaffee, den sie für einige Zeit halten mussten. Im anschließenden Test fiel die Beurteilung der fiktiven Person keineswegs gleich aus.

Wer den heißen Kaffee gehalten hatte, fand die zu beurteilende Person warmherzig und sozial, wer vorher einen Eiskaffee in den Fingern hatte, hielt sie für kälter und egoistischer. Dabei waren die Informationen über die Person stets dieselben.

Ganz offensichtlich konzentrieren wir uns bei Entscheidungen nicht nur auf die Fakten und die mit den Fakten zusammenhängenden Gefühle, sondern bauen auch Informationen mit ein, die mit der eigentlichen Entscheidung überhaupt nichts zu tun haben.

Auch der eigene Einfluss auf die Zukunft wird häufig vollkommen überschätzt. Dabei spielt dann die Herstellung von irrationalen Zusammenhängen eine größere Rolle, als man gemeinhin bereit ist, anzunehmen.

So können bestimmte Zahlen wie Geburtstage, Hochzeitstage oder Telefonnummern unsere Annahmen über die Zukunft und damit unsere Entscheidungen beeinflussen ebenso wie zum Beispiel Namensgleichheiten oder auch nur identische Initialen. Bei Experimenten in den USA wurde sogar nachgewiesen, dass die letzten beiden Zahlen der Sozialversicherungsnummer einen Einfluss auf Entscheidungen haben. Wichtig war allerdings, dass man diese sich vor der Entscheidung noch einmal bewusst gemacht hatte.

Dan Ariely vom Massachusetts Institute of Technology in Cambridge ließ seine Studenten die beiden letzten Ziffern ihrer Sozialversicherungsnummer auf einen Zettel schreiben. Anschließend fragte er sie, ob sie bereit wären, die Zahl, die auf dem Zettel stand, als Preis für eine Flasche Wein zu akzeptieren. Dann sollten die Studenten auf dasselbe Blatt ein eigenes Gebot für die Flasche notieren.

Das Ergebnis war: Je höher die Zahl aus den beiden letzten Ziffern der Sozialversicherungsnummer war, desto höher lagen die Preise, die die Studenten bereit waren, für den Wein zu zahlen. Weil sie diese Zahl als Preis für den Wein in Erwägung gezogen hatten, hatte sich dieser Betrag in ihrem Kopf verankert. Als die Studenten dann ihre eigenen Gebote abgeben sollten, beeinflusste dieser Anker sie unbewusst in ihren Entscheidungen.

Bei einem britischen Experiment sollten 300 Fondsmanager schätzen, ob die Anzahl der Ärzte in London höher ist als die Zahl aus den letzten vier Ziffern ihrer eigenen Telefonnummer. Dazu mussten Sie zunächst ihre Telefonnummern nennen bzw. aufschreiben. Endete die Telefonnummer zum Beispiel mit 3549, lautete die Frage, ob es mehr als 3549 Ärzte in London gibt. Im Anschluss danach sollten die Fondsmanager die tatsächliche Zahl der Ärzte schätzen.

Das Ergebnis des Experiments war: Diejenigen, deren Telefonnummer mit einer größeren Zahl als 7000 endete, schätzten die Anzahl der Mediziner im Durchschnitt auf 8.000, während diejenigen, deren Telefonnummer mit einer kleineren Zahl als 3000 endete, durchschnittlich davon ausgingen, dass es 4.000 Ärzte sind. Die Endziffern der eigenen Telefonnummer hatten also Einfluss auf die Höhe der Schätzung, obwohl keinerlei Zusammenhang mit der Anzahl der Ärzte bestand.

Andere werden oft unterschätzt

Mit der Überschätzung der eigenen Fähigkeiten, Kenntnisse und Verständnisfähigkeiten geht auch stets die Fehleinschätzung der Fähigkeiten anderer Menschen einher. Wer Aktien kauft, hat stets die Vorstellung, dass seine Erwartungen vernünftig und gerechtfertigt sind, während der Verkäufer der Aktien einer Fehleinschätzung unterliegt, da er sonst diese Aktien ja nicht verkauft hätte.

Abneigung gegen Veränderungen

Die meisten Menschen geben eine einmal eingenommene Position nur sehr ungern wieder auf. Konsistenz wird als Wert erlebt, und deshalb sind viele Menschen bereit, den Status quo zu erhalten, selbst wenn er mit wesentlich größeren Risiken verbunden ist als eine ebenfalls mögliche und herbeizuführende Veränderung in sich birgt.

Wer einmal seine Meinung geäußert hat, wird in der Regel dabei bleiben wollen und alles dafür tun, dass sie zu einer selbsterfüllenden Prophezeiung wird. Die meisten Menschen werden nicht bereit sein, wie

Konrad Adenauer einfach zu sagen: „Was kümmert mich mein Geschwätz von gestern".

Überbewertung des Bekannten

Alles, was der Mensch kennt, wird er in der Regel höher bewerten als das ihm Unbekannte (ambiguity aversion). Deshalb wird man sich in der Regel auch für Lösungen entscheiden, die einem vertraut sind (familiarity bias). Dies führt häufig dazu, dass durchaus sinnvolle und zweckmäßige Optionen ignoriert werden, weil die Wahrnehmung in Richtung des Bekannten verzerrt ist.

Framing-Effekt

In der Regel werden bestimmte Dinge nicht isoliert wahrgenommen, sondern im Kontext mit ihrer Umgebung. Das hat besonders für das Neuromarketing eine große Bedeutung, doch auch bei Neurofinance-Problemen spielt der subjektive Interpretationsrahmen, in den bestimmte Informationen oder Entscheidungen eingebettet werden, eine große Rolle.

Verlust-Aversionen

Die Abneigung gegen einen möglichen Verlust (loss aversion) ist größer als die Aussicht auf einen möglichen Gewinn. Aus diesem Grund werden oft auch Vorteile nicht wahrgenommen, weil man möglicherweise später eintretende Verluste vermeiden möchte.

Am deutlichsten wird die Verlust-Aversion im Zusammenhang mit Aktiengeschäften. Die meisten Menschen kaufen eine Aktie nicht zu dem Zeitpunkt, wenn sie den niedrigsten Preis hat, sondern erst, wenn der Aktienkurs im Steigen begriffen ist.

Hat der Aktienkurs dann allerdings ein bestimmtes Niveau erreicht, werden die Aktien nicht etwa wieder verkauft, sondern weiter gehalten, weil man sich noch weitere Kurssteigerungen erhofft und man den Verkauf zu einem niedrigeren Preis als Verlust ansehen würde.

Viele Aktienbesitzer verkaufen ihre Aktien allerdings erst dann, wenn der Höchstpreis überschritten worden ist und der Kurs wieder sinkt, weil sie ein noch weiteres Absinken befürchten.

Da sie die Aktien erst gekauft haben, als die Kurse auf dem Weg nach oben waren, kann es ihnen sehr leicht passieren, dass der aktuelle Aktienkurs nun unter ihren Einkaufspreis sinkt. Deshalb werden sie auch sinkende Aktien zunächst im Portfolio behalten, bis der Kurs so tief gefallen ist, dass die Angst vor weiteren Verlusten größer ist als die Hoffnung auf erneut steigende Kurse.

Häufig sieht es dann so aus, dass der Aktienkurs kurz nach dem Verkauf wieder anzieht. Hier kommt dann die alte Börsenregel zur Geltung: „Hin und her macht Taschen leer".

Falsche Entscheidungen

Die Ursachen für falsche Entscheidungen sind nach Kahneman und Tversky sehr vielfältiger Natur. Einerseits überbewertet man kleine Wahrscheinlichkeiten und unterbewertet große.

Mit dieser Fehleinschätzung gehen auch falsche Prioritäten einher, dass die Menschen nämlich unverhältnismäßig viel Zeit für kleine und unverhältnismäßig wenig Zeit für große Entscheidungen aufwenden. Das hat natürlich auch etwas mit der Überbewertung des Bekannten zu tun.

Die Anwendung von Faustregeln (Heuristiken) kann je nach dem subjektiven Interpretationsrahmen ebenfalls zu Fehlern führen. Faustregeln sind nicht grundsätzlich schlecht, wie Gerd Gigerenzer ausführlich nachgewiesen hat. Doch sie sind auch nicht automatisch richtig.

Häufig wenden die Menschen auch mentale Abkürzungen an (anchoring), indem sie zum Beispiel ganz bestimmte Preise als gegeben annehmen und andere Produkte daran messen. Dieser Effekt hat auch viel mit dem Framing zu tun.

Der Verkäufer eines Produkts, auch eines Finanzprodukts, wird seinem Kunden in der Regel drei Alternativen vorstellen, wovon die eine außerordentlich teuer, die andere extrem günstig, aber sehr unattraktiv ist und erst die mittlere sowohl in Preis und Leistung akzeptabel erscheint. Ohne das teurere und das billigere Produkt würde die Entscheidung für das mittlere nicht so leicht fallen.

Bedauern

Erstaunlicherweise verwenden viele Menschen sehr viel Zeit darauf, einen Verlust oder eine falsche Entscheidung zu bedauern, anstatt sich neuen Gegebenheiten zuzuwenden.

Zusammenfassung

Generell streben die Menschen bei ihren Entscheidungen nach Sicherheit, wobei sie sich darauf verlassen, dass sich diese durch Vertrauen einstellt. Wenn wir Entscheidungen unter Unsicherheit treffen müssen, verwechseln wir oft Risiko und Ungewissheit.

Wenn wir die Kriterien der Neuen Erwartungstheorie zur Grundlage der Beurteilung unserer eigenen Entscheidungen machen, vergrößern wir die Chancen, richtige Entscheidungen zu treffen. Allerdings müssen wir dabei akzeptieren, dass wir weitaus weniger perfekt sind als gewünscht und, dass wir uns fremder Einflüsse stärker bewusst werden müssen.

Das Dagobert-Duck-Syndrom – warum spart der Mensch?

Was Sie in diesem Kapitel erwartet

Wir gehen den Fragen nach, warum der Mensch spart und was der Unterschied zwischen einem Geizhals und einem Sparer ist. Wir schauen, was bei Kaufentscheidungen des Menschen in seinem Gehirn vorgeht und welche Rolle der Zeithorizont bei Sparentscheidungen spielt. Abschließend untersuchen wir, wie Habgier entsteht und welche Auswirkungen sie hat.

Geiz ist nicht geil

Dagobert Duck, „die reichste Ente der Welt", wird auch den Menschen, die die entsprechenden Comics aus der Welt der Walt Disney-Figuren nicht gelesen haben, ein Begriff sein. Dagobert Duck steht einerseits für extreme Sparsamkeit, bis hin zum Geiz, und manchmal auch für ungezügelte Habgier.

Geiz und Gier haben im Mittelhochdeutschen denselben Wortstamm und sind damit die beiden Seiten derselben Medaille.

> *Zitat:*
> *„Das größte Vergnügen aller Geizhälse besteht darin, sich ein Vergnügen zu untersagen."*
>
> *Gottfried Benn*

Der Ausdruck Geiz bezeichnet nicht nur eine übertriebene, sondern geradezu zwanghafte Sparsamkeit, die sich einerseits darin äußert, nicht mit anderen teilen zu wollen, und andererseits mit einer Abneigung gegen das Geldausgeben, speziell gegen das Kaufen, aber auch zum Beispiel gegen das Steuernzahlen. Hier treffen sich dann Geiz und Habgier. Geld, speziell der Besitz von Geld, ist für den Geizigen ein Wert an sich und nicht mehr Mittel zum Zweck.

Sparsamkeit als bürgerliche Tugend

Doch beginnen wir zunächst einmal mit einer Betrachtung der Sparsamkeit. Zu sparen im Sinne eines maßvollen Umgangs mit Geld, ist eine bürgerliche Tugend, die auf Sicherheit und Ordnung abzielt, um den Alltag und besonders unvorhersehbare Situationen besser bewältigen zu können.

Hingegen zählte zumindest in der Vergangenheit in der Oberschicht eher die demonstrative Verschwendung zu den Tugenden, wie Thorstein Veblen es in seinem 1899 erschienenen Buch „Theorie der feinen Leute" nachweist. Das wichtigste Merkmal für Erfolg dürfte heute allerdings weniger Überfluss als Zeitknappheit sein. Veblen geht davon aus, dass das Verlangen nach Prestige das eigentliche Prinzip ist, das den Menschen zum Handeln antreibt. Prestige konnte und kann wohl auch heute noch sowohl durch demonstrativen Müßiggang als auch durch demonstrativen Konsum erworben werden. Demonstrativer Müßiggang bedeutet für Veblen keineswegs, absolut nichts zu tun, sondern nur etwas zu tun, was nicht produktiv ist, sondern im Gegenteil eher Geld kostet. Man könnte dabei an den Golf- oder Polosport denken oder auch an das Hochseesegeln.

In manchen Golfclubs liegt die Aufnahmegebühr durchaus im sechsstelligen Euro-Bereich, was nicht mehr durch viel Bewegung an frischer Luft gerechtfertigt werden kann. Wer Polo spielt, braucht nicht nur ein, sondern gleich mehrere Ponys und natürlich Mitarbeiter, die sich um die Pflege und das Training der Tiere kümmern. Für das Hochseesegeln im großen Stil werden entsprechend große und leistungsfähige Boote benötigt und eine ganze Mannschaft, um sie bedienen zu können.

Das soll nicht heißen, dass Golf, Polo und Segeln keinen Spaß machen, aber diesen Spaß kann sich nur jemand leisten, der auch über genügend Geld verfügt, es sei denn, er ist Golf-Caddy, Pferdepfleger oder Matrose. Nur wird in diesen Rollen das Vergnügen durch die Pflichten erheblich getrübt.

Demonstrativer Konsum lässt sich am leichtesten mit Immobilien betreiben. Welcher Vier-Personen-Haushalt braucht schon ein Haus mit 180 Räumen und 30 Badezimmern? Selbst wenn man häufig viele Gäste hat, werden sich die Kosten für die Instandhaltung kaum auszahlen, es sei denn man betreibt es als Hotel. Die meisten, die sich selbst große Häuser leisten, haben dann ja auch nicht nur eines, sondern gleich mehrere an den verschiedenen Orten der Welt, mit denen sie ungeheure Mengen von Geld an Dinge verschwenden können, die weder dem notwendigen leiblichen Komfort noch dem persönlichen Wohlergehen dienen.

Das Erstaunliche dürfte heute sein, dass der prestigeorientierte, demonstrative Müßiggang und Konsum immer häufiger die Ursache für Zeitknappheit darstellt. So kommt es, dass auch die Nachahmer, die nicht so verschwenderisch leben können, doch wenigstens dafür sorgen, dass sie unter ständigem Termindruck stehen, um ihre Bedeutung zu unterstreichen. Doch das ist kein Problem, mit dem sich die Neurofinance befassen muss.

Zitat:

„Sparsamkeit ist keine Tugend, sondern ein Laster, das alle Genüsse verdirbt."

Francoise Sagan

Das Sparen unterscheidet man zunächst einmal danach, ob es kontinuierlich erfolgt, also in Form eines Spar- oder auch Bausparvertrags, bei dem in regelmäßigen Abständen immer die gleichen Summen auf ein Konto fließen und dort kumuliert und in der Regel bis zum Auszahlungszeitpunkt auch nicht angetastet werden, oder spontan, wobei nur überschüssige Summen beiseite gelegt werden. Inzwischen bieten die Finanzinstitute auch die unterschiedlichsten Mischformen aus beiden Sparweisen an.

Weiter unterscheidet man das Sparen nach den angestrebten Zielen, nämlich dem Konsumsparen, um Geld anzusammeln für eine größere Ausgabe, und dem Vorsorgesparen, wobei hier in erster Linie die Alterssicherung im Mittelpunkt steht.

Zitat:

„Es gibt zwei Wege, um glücklich zu sein: Wir verringern unsere Wünsche oder vergrößern unsere Mittel. Wer weise ist, wird beides gleichzeitig tun."

Benjamin Franklin

Der Dreh- und Angelpunkt des Sparens liegt im Verzicht oder zumindest im Aufschub aktueller Bedürfnisbefriedigung. Dies lässt sich sowohl mit bestimmten Persönlichkeitseigenschaften wie zum Beispiel einer ausgeprägten Selbstkontrolle, aber auch der Angst vor Risiken oder einer Lust am Verzicht wie bei Dagobert Duck erklären. Doch natürlich spielen auch Alter, Bildung und die Höhe des zur Verfügung stehenden Einkommens eine Rolle.

Wer mehr verdient, als er zur Befriedigung seiner Alltagswünsche benötigt, wird eher bereit sein, zu sparen, als jemand, der auf die Erfüllung konkreter Wünsche verzichten muss. Allerdings war zumindest in der Vergangenheit gerade der Verzicht auf all das, was man auch nur entfernt als Luxus bezeichnen konnte, gerade in einkommensschwachen Schichten oder in Schichten, die sich dafür hielten, als Tugend weit verbreitet.

Der französische Soziologe Pierre Bourdieu sprach in diesem Zusammenhang von einem „Geschmack an der Armseligkeit", der stets den Zweck und das Notwendige in den Mittelpunkt stellte und das Schöne und Ungewöhnliche verachtete. Diese Form der Sparsamkeit zeichnet sich unter anderem dadurch aus, dass zum Beispiel für funktionale, aber hässliche Möbel oder Kleidungsstücke derselbe Betrag ausgegeben wird wie er auch für schöne Dinge nötig wäre. Die Kosten sind dann gleich, aber das Ergebnis aus der Sicht Dritter supoptimal.

Dass man nicht beides, Hässliches und Schönes, in ein und demselben Geschäft verkaufen kann, ist klar, denn auch die Geschäftsräume müssen dem „Geschmack" der Kunden entsprechen. Die Verhaltens- und die Neuroökonomie haben sowohl zum Thema Kaufentscheidungen als auch zur Zeitpräferenz zahlreiche Untersuchungen gemacht, die das individuelle Verhalten besser erklären als rein ökonomische Betrachtungen.

Kaufen zwischen Freude und Schmerz

Kernsatz
Jede Kaufentscheidung ist das Ergebnis eines hedonistischen Wettbewerbs im Kopf zwischen der Freude, etwas zu bekommen (Belohnung), und dem Schmerz, etwas dafür bezahlen zu müssen (Verlust).

Dass dieser Wettbewerb zwischen der Freude, etwas zu bekommen, und dem Schmerz, etwas dafür zu bezahlen, tatsächlich existiert, lässt sich mit Hilfe der funktionellen Magnetresonanztomografie nachweisen. Zunächst zeigt man den Teilnehmern eines solchen Versuchs Bilder von Dingen, die zu kaufen sind. Danach wird der Preis des Produkts eingeblendet und die Versuchsperson wird aufgefordert, eine Kaufentscheidung zu fällen.

Nach dieser Entscheidung, also der Akzeptanz des gezeigten Preises oder dessen Ablehnung, muss der Proband nun noch den Preis nennen, den er eigentlich zu zahlen bereit gewesen wäre. Im Falle der Zustimmung zum Kauf kann der Preis sich entweder mit dem angebotenen decken oder auch darüber liegen. Im Falle der Ablehnung wird er mehr oder weniger stark darunter liegen.

Dies lässt sich an folgenden Beispielen verdeutlichen: Dem Probanden A wird das Bild eines neuen Apple Notebook gezeigt. Sein Gehirn signalisiert, dass er es gern hätte. Danach wird ein Preis in Höhe von 2.000 Dollar eingeblendet, und er wird aufgefordert, nun seine Kaufentscheidung zu treffen. Der Proband lehnt ab. Auf die Frage, wie viel er denn gezahlt hätte, nennt er eine Summe von 600 Dollar. An den Gehirnaktivitäten kann man deutlich ablesen, dass ihn der hohe Preis schmerzte und er es bedauert, aus rationalen Gründen nicht gekauft zu haben.

Beim Probanden B wird ebenfalls das Apple Notebook gezeigt, und auch dieser Proband möchte es gern erwerben. Der eingeblendete Preis liegt diesmal bei 800 Dollar, und er stimmt sofort zu. Auf die Frage, wie viel er denn bereit gewesen wäre, dafür auszugeben, nennt er eine Summe von 1.800 Dollar. 800 Dollar zu bezahlen, bereiten ihm keine Schmerzen, und die Freude, das Notebook günstig erwerben zu können, spiegelt sich auch in den Gehirnaktivitäten wieder.

All die Testpersonen, die den Kauf abgelehnt haben, weil ihnen der Preis zu hoch erschien, wählten ganz offensichtlich einen sehr viel niedrigeren Preis, den sie zu zahlen bereit gewesen wären, um die mit ihrer Entscheidung verbundenen „Schmerzen" für sich selbst akzeptabler zu machen, während diejenigen, die in den Kauf einwilligten, ihre Freude darüber noch steigerten, indem sie den möglicherweise zu zahlenden Preis deutlich höher ansetzten und dadurch den „Schmerz", überhaupt etwas zu bezahlen müssen, noch weiter eindämmten.

Im Einzelnen zeigten sich folgende neuronale Ergebnisse:

- Die Produktpräferenzen korrelieren mit der Aktivität des Nucleus accumbens.
- Die Preisdifferenzen korrelieren mit der Aktivität des Nucleus accumbens.
- Die Preisdifferenzen aktivieren Areale im medialen präfrontalen Cortex.
- Wenn nichts erworben wurde, war dies mit einer größeren Aktivität in der Insula verknüpft.
- Die BOLD-Signale (siehe unten) in diesen drei Regionen waren für die spätere Kaufentscheidung signifikant.
- Die Aktivierung des medialen präfrontalen Cortex war dann am größten, wenn der tatsächliche Preis des Produkts niedriger war als der, den die Probanden bereit waren, zu zahlen.

Insofern kann man das Fazit ziehen, dass die Aktivierung bestimmter neuronaler Kreisläufe, die mit antizipatorischen Affekten in Verbindung stehen, einer Kaufentscheidung vorausgehen und diese begleiten.

Info: BOLD-Signal

Die Blood Oxygen Level Dependency (BOLD) ist die Grundlage für die funktionelle Magnetresonanztomografie, bei der nicht nur anatomische Bilder des Gehirns gewonnen werden, sondern auch lokale Änderungen der Gehirnaktivitäten bestimmt werden können. Steigt die durchschnittliche Impulszahl und damit die elektrochemische Aktivität der Gehirnzellen eines Gehirnareals an, so wächst auch der Bedarf an Sauerstoff und Glukose. Das BOLD-Signal kann Aktivitätsschwankungen im Millimeter-Bereich messen.

Insula

Die Insula, auch Inselrinde genannt, ist ein eingesenkter Teil der Großhirnrinde. Ihre funktionellen Aufgaben sind noch nicht genau erforscht. Man geht aber davon aus, dass sie als assoziatives Zentrum für akustisches Denken dient, für den Geruchs- und Geschmackssinn zuständig ist sowie für die emotionale Bewertung von Schmerzen.

Es ist also eindeutig nachgewiesen, dass mögliche Gewinne und Verluste unabhängig voneinander in unterschiedlichen neuronalen Systemen verarbeitet werden. Die bei der funktionellen Magnetresonanztomografie gewonnenen Antworten auf einen visuellen, Belohnung versprechenden Reiz geben allerdings keinen Aufschluss darüber, inwieweit individuelle Aspekte einer Versuchsperson, wie zum Beispiel Interesse oder Übersättigung, Neuigkeit oder Bekanntheit, sowie Aspekte der Motivation und Aufmerksamkeit eine Rolle bei der Reizverarbeitung spielen.

Kernsatz
Mögliche Gewinne und mögliche Verluste werden unabhängig voneinander in unterschiedlichen Gehirnsystemen verarbeitet.

Gute Gefühle kosten Geld

Grundsätzlich darf man jedoch annehmen, dass finanzielle Entscheidungen, und das sind Kaufentscheidungen nun einmal, von emotional bedingten Fehlern begleitet werden, die auf neuronale Aktivitäten beim Verarbeiten von positiven oder negativen Emotionen zurückgehen.

Das an der finanziellen Entscheidung beteiligte neuronale Netzwerk ist phylogenetisch älter als die Entstehung ökonomischer Systeme und deshalb führen möglicherweise alte, für die Suche nach Nahrung oder Partnern optimierte Verhaltensweisen zu weniger optimalem Verhalten im Kontext mit heutigem ökonomischen Handeln. Darauf hatten wir aber auch schon an anderer Stelle hingewiesen.

Um die negativen Gefühle ihrer Kunden zu kompensieren oder zumindest zu überdecken oder abzuschwächen, bieten viele Verkäufer ihren Kunden einen Bonus an. Das kann zum Beispiel so aussehen, dass der zu kaufende Neuwagen mit den gewünschten Extras, die oft erst den eigentlichen Verdienst des Verkäufers ausmachen, deutlich teurer ausfällt als erwartet, dafür wird aber der Gebrauchtwagen zu einem höheren Preis in Zahlung genommen, als der Kunde erwartet hat.

Für den Gebrauchtwagenankauf werden Ankerpreise, zum Beispiel aus der Schwacke-Liste, als Referenz angesetzt und von manchen Händlern von vornherein mit dem Hinweis „Ankauf ihres Gebrauchten bis zu 2.000 Euro über Liste" angeboten. Will der Händler noch etwas draufsetzen, verrechnet er den Preis des angekauften Altwagens nicht mit dem Preis des Neuwagens, sondern zahlt den Preis für das alte Auto in bar aus. Die Rechnung für den neuen Wagen kommt dann spätestens bei Lieferung.

Aber selbst in kleinen Alltagsdingen wird der Schmerz, Geld auszugeben, durch Boni kompensiert. Die häufigste Form ist hier, beim Kauf von 12 Dosen erhalten Sie zwei kostenlos oder beim Kauf von fünf Dosen sinkt der Preis pro Dose um 20 Prozent. Jedes Mal wird hier mit einem Referenz-/Ankerpreis gearbeitet, der den Schmerz für die Mehrausgabe, weil man schließlich mehr Produkte kauft, als man wahrscheinlich ursprünglich wollte, durch einen Vorteil kompensiert.

Den Willen zum Zahlen fördern

Allerdings ist der Wille zum Zahlen (willingness-to-pay) und seine neuronale Repräsentanz eine der zentralen Fragen der Neuroökonomie und daher auch im Zusammenhang mit Sparsamkeit oder Geiz relevant.

Ist der Wille zum Zahlen höher als der geforderte Preis, handelt es sich aus der Sicht des Entscheiders um ein Schnäppchen. Liegt der verlangte Preis, besonders wenn man ihn nicht verhandeln kann, das gewünschte Gut aber unbedingt erhalten möchte, höher als der Wille zum Zahlen, fühlt man sich in der Regel übervorteilt.

Für die Praxis ergibt sich daraus für einen Verkäufer stets die Notwendigkeit, eine bestimmte Ware oder Dienstleistung mit ihrem Preis in einen Bezugsrahmen zu stellen, der sie günstig aussehen lässt. Hierbei handelt es sich um das ebenfalls schon angesprochene Framing.

Die simpelste Form des Framing besteht darin, einen Preis als Sonderangebot aussehen zu lassen. Im Zusammenhang mit dem Kauf oder dem Leasing eines Automobils werden häufig Angebote gemacht, die mit 0,0 Prozent Zinsen beworben werden. Ein Zinssatz von 0,0 Prozent ist sicherlich unschlagbar günstig. Allerdings wird man bei der Annahme dieses Angebots auf die üblichen Rabatte und Preisabschläge beim Kauf eines Autos verzichten müssen.

Der Kunde ist also stets dann gut beraten, wenn er den möglichen Rabatt auf den Listenpreis als Finanzierungskosten ansieht und in sein Kalkül mit einbezieht.

Es gibt keinen absoluten Wert einer Ware

Als Kunde muss man sich immer wieder die Frage stellen, ob eine Ware oder Dienstleistung, die man kaufen möchte, überhaupt einen absoluten Wert hat. Sehr schnell kommt man dann nämlich zu der Erkenntnis, dass Preise stets subjektiv und abhängig vom jeweiligen Kontext sind, vor allem mit den damit verbundenen Emotionen des Kunden.

Verschiedene neuroökonomische Experimente haben versucht, die Regionen im Gehirn zu definieren, in denen der Wille zum Bezahlen verankert ist. Dabei kam man allerdings zu unterschiedlichen Ergebnissen. Hungrige Versuchsteilnehmer, die für einen Snack ein vorgegebenes Preisangebot annehmen oder ablehnen konnten, aktivierten andere Hirnregionen als wenn sie ihr Angebot frei formulieren konnten. Und wer hungrig ist, akzeptiert andere Preise als gesättigte Versuchsteilnehmer.

Die aktivierten Hirnregionen unterschieden sich auch von jenen in Versuchen, in denen andere Produkte, wie zum Beispiel Handys, und deren Preise gezeigt wurden. Insofern kann man zurzeit nur zu dem Ergebnis kommen, dass das Gehirn zwar nach einfachen Prinzipien funktioniert, aber je nach Aufgabenstellung die Funktionen unterschiedlich verteilt sind.

Zeitpräferenz: ... lieber jetzt als später

Der Zeithorizont spielt gerade im Zusammenhang mit dem Sparen für den einzelnen Menschen eine große, aber höchst unterschiedliche Rolle. Ist eine bestimmte Summe Geldes so angelegt, dass sie sich verzinst und die Zinsen nicht ausgezahlt werden, dann wird dieses Guthaben durch Zins- und Zinseszins immer größer werden, zumindest nominal, was, wie wir ja inzwischen wissen, für die meisten Menschen von besonderer Bedeutung ist.

Ob das Guthaben auch real wächst, hängt von vielen zukünftigen Faktoren ab, von denen die Inflationsrate und der damit verbundene Kaufkraftverlust nur einer ist. Auch Änderungen im Steuersystem oder Währungsumstellungen können Sparguthaben zunichte machen.

Sparen oder zumindest bestimmte Formen des Sparens können also im Endeffekt unvernünftiger sein als aktueller Konsum. Die Hauptrolle spielt also immer die Zukunftserwartung, wobei die Eintrittswahrscheinlichkeit zukünftiger Ereignisse sehr unterschiedlich beurteilt werden kann.

Wenn man wissen möchte, wie Sparen im Gehirn aussieht, wird man sich mit den neuronalen Unterschieden bei der Bewertung der eigenen Gegenwart im Vergleich zur Zukunft befassen müssen. Die so genannte „Future self-continuity" Hypothese geht davon aus, dass die Bedürfnisse des gegenwärtigen und des zukünftigen Selbst unterschiedlich bewertet werden.

Im Prinzip steht immer die Gegenwart im Vordergrund. Aber natürlich sind wir auch in der Lage, uns Sorgen um die Zukunft zu machen oder ihr mit einer gewissen Unbekümmertheit entgegen zu blicken. Je optimistischer jemand in die Zukunft schaut, desto höher sind seine Aktivitäten in der Amygdala und dem rostralen anterioren cingulären Cortex, den beiden Optimismuszentren im Gehirn.

Dabei gibt es allerdings ganz erhebliche individuelle Unterschiede, wenn es um die Differenzierung zwischen dem jetzigen und dem zukünftigen Selbst geht. Je stärker man zwischen seinem heutigen Selbst und dem zukünftigen unterscheidet und je mehr Bedeutung man zukünftigen Ereignissen beimisst, desto höher steigt auch der Wert zukünftiger Belohnungen.

Schauen wir uns dazu einmal folgende Beispiele an:

Wenn vor 40 Jahren ein durchschnittlicher Arbeitnehmer in der Bundesrepublik in den Ruhestand ging, war für ihn die aktive Phase des Lebens beendet. Er erhielt eine Altersrente, die geringer war als sein Einkommen aus der Erwerbstätigkeit, und befand sich, etwas übertrieben formuliert, in einer Übergangszeit, die mit seinem Tod endete. Seinen Wert als Arbeitskraft hatte er im Prinzip verloren.

Entsprechend gering waren seine Interessen, aber auch seine Möglichkeiten, für die Zeit nach der Pensionierung vorzusorgen. Die am häufigsten abgeschlossene Versicherung war die so genannte Sterbegeldversicherung, die die Grundlage für eine anständige Beerdigung bildete und die Angehörigen nicht mit übermäßigen Kosten nach dem Dahinscheiden belasten sollte. Die Selbstwahrnehmung war also sehr stark auf die aktive Zeit als Arbeitnehmer konzentriert und die Bedeutung der danach folgenden Ereignisse wurde verhältnismäßig gering eingeschätzt.

Das änderte sich vor rund 20 Jahren. Die Arbeitnehmer, die in den Ruhestand und immer häufiger bereits in den Vorruhestand gingen, sahen in der Beendigung ihres Arbeitslebens immer häufiger den Beginn ihres „wirklichen Lebens". Durch die immer weiter verbreitete betriebliche Altersvorsorge hatten viele Ruheständler nach der Pensionierung netto mehr Geld zur Verfügung als während ihrer Berufstätigkeit.

Entsprechend positiv wurde der Ruhestand gesehen, und auch die Wirtschaft betrachtete die „Silver Ager" als attraktive Konsumentengruppe, die nicht nur gern reiste, sondern sich auch hochwertige Güter wie neue Autos kaufte. Sowohl die finanziellen Möglichkeiten, selbst für den dritten Lebensabschnitt vorsorgen zu können, als auch die Bereitschaft waren gegeben. Man interessierte sich nicht mehr für Sterbegeldversicherungen, sondern für Kapitallebensversicherungen oder selbst genutzte Immobilien.

Die Bedeutung dessen, was man alles nach dem Eintritt in den Ruhestand noch machen wollte, bevor man zur Gruppe der Hochbetagten zählte, führte dazu, dass man den zukünftigen Ereignissen eine deutlich höhere Bedeutung beimaß. Wer heute zu dem Personenkreis zählt, der damit rechnet, in 20, aber vielleicht auch erst in 25 Jahren in den Ruhestand zu gehen, wird als Durchschnittsverdiener einen deutlich pessimistischeren Blick auf die Zukunft haben.

Sein heutiges Selbst wird durch die Bedrohung durch Arbeitslosigkeit beeinträchtigt und auf sein zukünftiges Selbst fällt der Schatten der Altersarmut, weil die gesetzliche Rente wahrscheinlich geringer ausfallen wird als bei der vorangegangenen Generation. Während sich die einen noch auf den Ruhestand freuten und alles dafür taten, ihn möglichst gesund und lange auszukosten, werden heute lange Schatten auf das Leben der zukünftigen Rentner geworfen.

Kein Wunder also, dass die Initiative zur eigenen Vorsorge starker staatlicher Unterstützung bedarf, zum Beispiel in Form des Riester-Rente-Sparens. Alles was das zukünftige Selbst eines Durchschnittsbürgers betrifft, ist mit einem großen Fragezeichen versehen, und der Optimismus der Vergangenheit unter dem Motto „Die Renten sind sicher" ist verflogen. So ist es auch nicht verwunderlich, wenn in dieser Generation die Zeitpräferenz lautet: „Lieber jetzt als später".

Diese Zeitpräferenz wird durch so genannte „Time discounting"-Variablen beeinflusst Dazu zählen:

- Emotionen, die sich sowohl auf gegenwärtige als auch auf vergangene Ereignisse beziehen können;
- Stress, wie zum Beispiel Zeitdruck im Alltag;
- Größe und Bedeutung einer Entscheidung, die höchst subjektiv ist, wobei kleine Entscheidungen in der Regel über- und große untergewichtet werden;
- Referenzrahmen, wie zum Beispiel mögliche Beförderungen oder Entlassungen;
- Unsicherheit bezüglich des Eintritts eines Ereignisses. „Wann kommt die Klimakatastrophe und kommt sie überhaupt?"
- Erwartung von in Zukunft wechselnden Präferenzen. „Wenn die Kinder aus dem Haus sind, wird alles anders."

- In der Vergangenheit gemachte Erfahrungen. „Nach der Währungsreform war alles Gesparte mit einem Schlag weg."

Generell wird von den meisten Menschen die Vergangenheit positiver erinnert, als sie real war. Es gab fast immer eine weiße Weihnacht und die Sommer waren wärmer und weniger verregnet als im vergangenen Jahr und im Jahr davor. Diese positive Einfärbung der Vergangenheit durch Emotionen findet sich auch im finanziellen Bereich wieder. Man erinnert sich weniger an Zeiten der Arbeitslosigkeit. Alle haben früher gut verdient und alles war früher billiger.

Auch wenn dies nicht den Fakten entspricht, bestimmt es doch unsere Sichtweise auf die Gegenwart und erst recht auf die Zukunft. Wahrscheinlich spielen hier auch die Medien eine große Rolle, denn nur „bad news are good news". Negative Ereignisse bestimmen die emotionale Bewertung der Gegenwart heute stärker, als sie es noch vor 50 Jahren taten, als es zum Beispiel noch kein Fernsehen gab. Wenn dann noch reale Krisen hinzukommen, die alle Bürger betreffen werden, kann ein von Angst geprägtes Verhalten ganze Volkswirtschaften verändern.

Auch Stress in Form von Zeitdruck kann die Wahrnehmung der Gegenwart verändern und damit ebenso die Zeitpräferenz in finanziellen Dingen. Wer wenig Zeit hat, möchte diese wenigstens auskosten. Die zunehmende Zahl von Kurzreisen in ferne Länder ist wahrscheinlich ein Beleg dafür, aber auch die zunehmende Nachfrage nach hochwertigen Konsumgütern, wie zum Beispiel Großfernseher oder Festplattenrekorder. All dies dient dazu, die knapp gewordene Freizeit zu veredeln.

Dass dabei dann die großen Entscheidungen auf der Strecke bleiben, weil man die kleinen gegenwärtigen höher bewertet, ist selbstverständlich. Die Studie des BVI liefert für das Jahr 2007 in diesem Zusammenhang recht interessante Ergebnisse.

So verfügen Investmentfondsbesitzer zu 90 Prozent über ein Altersvorsorgeprodukt. 66 Prozent davon haben die Entscheidung darüber innerhalb eines Monats und 37 Prozent sogar innerhalb einer Woche getroffen. Von den Nicht-Fondsbesitzern verfügen knapp 40 Prozent noch nicht über ein privates Altervorsorge-Produkt und rund 20 Prozent brauchten länger als ein halbes Jahr für die Entscheidung.

Wenn es allerdings darum geht, ein Auto zu kaufen, dann treffen 55 Prozent der Nicht-Fondsbesitzer diese Entscheidung bereits innerhalb eines Monats und liegen damit nahezu gleich auf mit dem Entscheidungsverhalten der Investmentfondsbesitzer

Ganz offensichtlich spielt hier der Referenzrahmen, also die gesellschaftlichen und ökonomischen Bedingungen, in denen sich Nicht-Fondsbesitzer befinden, eine sehr große Rolle. Wahrscheinlich ist ihre Unsicherheit hinsichtlich zukünftiger Ereignisse auch deutlich größer als bei der Vergleichsgruppe der Investmentfondsbesitzer.

Wie groß die Unsicherheit generell über das Eintreffen eines bestimmten Ereignisses ist, zeigt sich besonders dann, wenn die Wertentwicklung von 10.000 Euro nach 20 Jahren geschätzt werden soll. Nicht-Fondsbesitzer gehen davon aus, dass der Wert eines Sparbuchs dann durchschnittlich bei knapp 17.000 Euro liegen wird und der eines Aktienfonds bei 22.600 Euro. Investmentfondsbesitzer schätzen den Wert eines Sparbuchs etwas geringer als 16.000 Euro ein und den eines Aktienfonds mit 33.500 Euro.

Beide liegen allerdings falsch. Die realistische Erwartung beim Sparbuch beträgt nämlich nur 13.500 Euro, während die realistische Erwartung zumindest im Jahr 2007 bei einem Aktienfonds noch bei 46.600 Euro gelegen hat.

Neben dem Referenzrahmen und der Unsicherheit hinsichtlich zukünftiger Ereignisse spielen beim aktuellen und zukunftsbezogenen Verhalten natürlich auch noch die Erwartungen hinsichtlich der eigenen wechselnden Präferenzen und die in der Vergangenheit gemachten Erfahrungen eine Rolle. Auch wenn die Emotionen die Vergangenheit positiv färben, spielen tradierte Verhaltensweisen, die von den Eltern übernommen wurden, eine große Rolle.

Auch die Erwartungen hinsichtlich des Wechsels der eigenen Präferenzen sind eher in der Vergangenheit oder in der eigenen Familiengeschichte zu finden als in Zukunftsprognosen. Wer zum Beispiel in der Vergangenheit häufiger den Arbeitgeber und vielleicht sogar den Beruf gewechselt hat, wird solche Veränderungen eher in die Zukunft fortschreiben als derjenige, der bereits seit 30 Jahren bei ein und demselben Arbeitgeber in Lohn und Brot steht.

Nicht nur einzelne der vorgenannten Variablen spielen eine Rolle, sondern auch ihr Zusammenspiel und ihre gegenseitige Beeinflussung. Wer die Zukunft eher bedrohlich findet, wird eher gegenwartsbezogen handeln als zukunftsorientiert.

Wenn also zum Beispiel eine Regierung versuchen möchte, die Bevölkerung zu zukunftsorientierten Handlungen zu veranlassen, wie es zum Beispiel im Zusammenhang mit der Riester-Rente geschehen ist, so sollte dies auf keinen Fall in der Art erfolgen, dass man die Zukunft als bedrohlich in düsteren Bildern ausmalt.

Viel besser ist es, wie der amerikanische Präsident Barack Obama auch in der Krise Optimismus zu verbreiten „Yes we can". Und ein Politiker, der glaubt, diesen Optimismus nicht glaubwürdig darstellen zu können, sollte zumindest versuchen, zukünftige Lösungen mit aktuellen Bedürfnissen zu verknüpfen, wie es zum Beispiel mit der Konjunkturmaßnahme „Verschrottungsprämie für alte Autos" der Fall ist.

Hier wird ein kurzfristiger Gewinn für die Verschrottung eines alten Autos in Aussicht gestellt, um die Mehrzahl der vorhandenen Altautobesitzer dazu zu animieren, in eine ökologisch korrekte Zukunft zu investieren und der Wirtschaft einen zusätzlichen Schub zu verleihen. Dabei wird ganz klar auf die Zeitpräferenz spekuliert.

Mit Zeitpräferenz bezeichnet man also die Annahme, dass ein Konsument ein bestimmtes Gut lieber in der Gegenwart gebrauchen möchte als in der Zukunft und dass er lieber erst in Zukunft bezahlt (nämlich kleine Raten für das Auto) als in der Gegenwart. Die Entscheidung darüber, wie man den Nutzen und die Kosten zeitlich verteilt, nennt man „Intertemporal choice".

In Zukunft kann alles wieder ganz anders sein

Ein wichtiger Aspekt ist dabei das so genannte „Hyperbolic time discounting". Das heißt, Zeitunterschiede werden anders bewertet, wenn man sie in die Zukunft verschiebt. Dazu wurden unterschiedliche Experimente gemacht.

Beim ersten Experiment wurde den Teilnehmern eine kleine und sofortige Belohnung in Aussicht gestellt, zum Beispiel ein Warengutschein über fünf Dollar, oder eine Belohnung, die erst in sechs Wochen eingelöst werden konnte, nämlich ein Warengutschein über 40 Dollar. Die meisten Testpersonen wählten die sofortige Belohnung.

> **Kernsatz**
> Der Mensch zieht eine sofortige, kleine Belohnung einer späteren, größeren Belohnung vor.

Bei der Entscheidung für die sofortige Belohnung spielten vor allem die limbischen und paralimbischen Strukturen im Gehirn eine Rolle. Gleichzeitig wurden auch der laterale präfrontale Cortex und der posteriore parentiale Cortex aktiv. Entschied sich die Testperson für eine spätere Belohnung, war die Aktivität des limbischen Systems deutlich geringer. Also handelt es sich beim Aufschub der Belohnung eher um eine rationale Entscheidung.

Hat man nun die Wahl, zum Beispiel den Gewinn aus einem Wettbewerb heute in Höhe von 100 Dollar ausbezahlt zu bekommen oder in drei Jahren in Höhe von 200 Dollar, entscheiden sich auch hier die meisten Versuchspersonen für die sofortige Auszahlung, wobei die Unsicherheit über die Situation in drei Jahren sicherlich eine Rolle spielt.

Stehen sie allerdings vor der Wahl, den Gewinn von 100 Dollar in drei Jahren ausgezahlt zu bekommen oder den Gewinn von 200 Dollar in sechs Jahren, wobei die Zeitdifferenz zwischen den beiden Auszahlungen gleichlang ist wie beim ersten Beispiel, dann entscheiden sich die meisten für die 200 Dollar-Variante.

Offensichtlich spielt die Differenz von drei Jahren keine Rolle mehr, wenn sie nur entsprechend weit in der Zukunft liegt. Stellt man nun die Entscheidung für die Zukunft in hyperbolischen Kurven dar, so wird die Variante für 200 Dollar in sechs Jahren heute höher bewertet als die Variante für 100 Dollar in drei Jahren.

Allerdings gibt es bei diesen hyperbolischen Kurven anders als bei Exponentialkurven nach ungefähr zwei Jahren eine Überschneidung, die nichts anderes bedeutet, als dass zu diesem Zeitpunkt eventuell die Zukunftspräferenz doch hinsichtlich der früheren Auszahlung von 100 Dollar geändert wird. Der niedrigere, aber nähere Gewinn scheint vielen Versuchsteilnehmern dann doch wieder attraktiver.

Offensichtlich laufen im Gehirn wiederum zwei unabhängige Systeme parallel zueinander, eines, das die sofortige oder zumindest baldige Befriedigung von Wünschen belohnt und sich praktisch nicht um die Zukunft kümmert, und eines, das eine eher beratende Funktion hat und zukünftige Ereignisse sowie zu erwartende spätere Belohnungen stärker ins Kalkül zieht.

All diese Überlegungen zum Sparen sind natürlich auch für alle anderen Formen der Geldanlage relevant. Aus den genannten Gründen neigen viele Leute dazu, „langweilige" Aktien, die zwar eine sichere, aber erst in Zukunft wirksame Rendite bringen werden, weniger attraktiv zu finden als riskante Papiere, die einen in wenigen Monaten zum Millionär machen können oder vollständig ruinieren.

> ### Kernsatz
> Die Attraktivität einer Geldanlage wächst ganz eindeutig mit einer größeren Reiznähe.

Offensichtlich wird durch einen kurzfristig zu realisierenden Gewinn die Lebhaftigkeit der Vorstellungen darüber, was man mit diesem Gewinn alles anstellen könnte, so stark aktiviert, dass die Attraktivität einer kleinen Summe überproportional verstärkt wird oder die Einschätzung eines Risikos minimiert.

Diese Lebhaftigkeit (Vividness) spielt offensichtlich eine sehr große Rolle, wenn man die Unvernünftigkeit schneller Belohnungen beschreiben will. Je lebhafter die Vorstellungen sind, desto aktiver ist auch das Belohnungszentrum, das dann vernünftige Überlegungen ganz einfach beiseite schieben kann.

Gier ist nicht gut, aber allgegenwärtig

Ob bei der Ente Dagobert Duck oder bei einem Menschen, immer wenn sich Anzeichen von Geiz oder Gier zeigen, empfindet man Abscheu und wünscht sich, dass die gerechte Strafe für dieses Verhalten möglichst umgehend erfolgt.

Während jedoch der demonstrative Geiz in unserer Gesellschaft aus der Mode gekommen ist, stand das Jahr 2008 gänzlich im Zeichen der Gier. Kaum ein anderer Begriff fand sich so markant in den Schlagzeilen der Presse wie Gier. Dabei ist sich die Wissenschaft nicht einmal darüber einig, ob Habgier nun ein gesellschaftliches Phänomen ist oder ein individuelles Fehlverhalten. Wahrscheinlich spielen beide Aspekte eine Rolle und lassen sich kaum voneinander trennen.

Mit Habgier bezeichnet man ein rücksichtsloses Streben nach Gewinn um jeden Preis, und im deutschen Strafrecht ist Habgier sogar ein Merkmal, das die Tötung eines Menschen als Mord qualifiziert. Habgier ist also extrem egoistisch und ignoriert die Belange anderer Menschen. Insofern ist es auch gar nicht abwegig, in diesem Zusammenhang an eine Art Suchtverhalten zu denken.

Süchte kennen wir ja nicht nur im Zusammenhang mit Drogen, Alkohol und Nikotin, sondern wir kennen auch die Spielsucht, und weshalb sollten nicht auch die Mechanismen der Habsucht gleich oder doch zumindest ähnlich gelagert sein?

> ### Kernsatz
> Habgier ist eine Sucht. Der Habsüchtige verhält sich wie andere Süchtige auch.

Neuroökonomische Studien belegen, dass bei Süchten zwei konkurrierende neuronale Systeme gegeneinander arbeiten. Das eine ist das impulsive System, bestehend aus der Amygdala, dem Nucleus accumbens und dem ventralen Palladium, die zur Verarbeitung von Emotionen dienen und auf Stimuli reagieren. Das andere ist das reflektive, exekutive System mit dem präfrontalen Cortex, der die Ausführung von Handlungen, das zielgerichtete Handeln, die soziale Kontrolle und die Berücksichtigung zukünftiger Konsequenzen steuert.

Wir wissen, dass Drogenabhängige zu suboptimalen Entscheidungen neigen, weil ein überaktives, impulsives System den Einfluss des exekutiven Systems schwächt und es so zu Entscheidungen kommt, die überwiegend am kurzfristigen Nutzen und am Erhalt einer Belohnung orientiert sind.

Wer an einer Sucht leidet, hat einen verkürzten zeitlichen Fokus, er möchte seine Belohnungen sofort und trifft auch dementsprechende Entscheidungen. Wir wissen auch, dass der Gebrauch von Drogen, zum Beispiel von Kokain, durch die Freisetzung von Dopamin zu molekularen Veränderungen im Gehirn führt, die das exekutive System schwächen.

Studien mit Kokainkonsumenten haben gezeigt, dass 56 Prozent von ihnen unterschiedliche Geldmengen gleich bewerten, das heißt, zehn Dollar sind ebenso interessant wie 1.000 Dollar.

Wenn man sich jetzt wieder vor Augen führt, dass Kokain eine der Modedrogen ist, die besonders in Finanzkreisen konsumiert wird, weil viele Menschen glauben, dadurch noch besser und noch schneller als die Konkurrenten sein zu können, darf man sich nicht wundern, wenn die Banker Millionen verpulvern, als wenn es nur Peanuts wären.

Habsucht beruht also auf einer Überfunktion des Belohnungssystems, das dann alle anderen vernünftigen und moralischen Bedenken, die auch bei den Habsüchtigen vorhanden sind, einfach „platt" macht. Das ist die individuelle Seite.

Ob nun die Bosse großer Banken und Unternehmen Millionen-Boni gewährt haben, weil sie die Kontrolle über sich verloren und ihre Leistungen maßlos überbewertet haben, kann natürlich nicht eindeutig entschieden werden.

Ebenso weiß man nicht, was deutsche Wirtschaftsgrößen dazu trieb, Steuern zu hinterziehen oder Bestechungsgelder zu zahlen und dadurch ihre Reputation aufs Spiel zu setzen und auf das Niveau billiger Ganoven abzusinken. Dringend gebraucht haben sie das Geld nicht, und auch ihren Einfluss hätten sie auf andere Weise geltend machen können.

Vieles deutet darauf hin, dass es Habgier war, die den bis dahin höchst angesehenen Familienunternehmer Adolf Merckle 2008 dazu gebracht hat, mit Leerverkäufen von VW-Aktien einen dreistelligen Millionenbetrag zu verspielen und damit die Existenz seines gesamten Firmenimperiums aufs Spiel zu setzen.

Er selbst wehrte sich natürlich gegen den Vorwurf des Spielens und wies darauf hin, dass er solche Wertpapiergeschäfte seit Jahrzehnten erfolgreich getätigt habe. Die Gewinne daraus hätten dazu gedient, um Finanzierungen aufzustellen, die das Wachstum der Beteiligungsgesellschaften ermöglichten. Es seien so Arbeitsplätze geschaffen und Beiträge zur Entwicklung der Region geleistet worden. Und die Motivation beim Deal mit VW-Aktien sei exakt die gleiche gewesen wie zuvor.

Ohne es zu wissen, liegt allerdings die Vermutung nahe, dass es sich bei diesen Argumenten nur um rationale Begründungen für ein eindeutig emotional gesteuertes Verhalten handelt. Schließlich war auch der Selbstmord Merckles wie jeder Suizid emotional bestimmt und nicht rational.

Lieber König in einem Dorf als zweiter in einem Land

Verschiedene Studien haben gezeigt, dass die meisten Menschen lieber in einer Welt leben würden, in der sie selbst 100.000 Euro besäßen, wenn alle anderen nur 50.000 hätten, als in einer Welt, in der sie doppelt so viel Geld hätten, nämlich 200.000 Euro, alle anderen aber noch mehr, nämlich 300.000 Euro.

Auch hier zeigt sich wieder, dass nicht der absolute Wert eines Vermögens die zentrale Rolle spielt, sondern der relative. Es kommt gar nicht so sehr darauf an, was man selbst hat, sondern hauptsächlich darauf, dass es möglichst mehr ist, als die anderen haben.

Insofern ist das Phänomen der Habgier keineswegs nur auf die Reichen oder Superreichen beschränkt, sondern findet sich in allen Teilen der Gesellschaft wieder. Oft ist es dann nicht das Geld auf dem Konto, das den Ausschlag gibt, sondern es sind simple Statussymbole. Das kann schon ein größerer Fernseher sein, als ihn der Nachbar im Wohnzimmer stehen hat.

Anscheinend kommen hier ganz primitive Urinstinkte wieder zum Vorschein. Es ist die Rivalität der Steinzeitjäger, wo derjenige, der das größere Wildschwein nach Hause bringt, das höhere Ansehen genießt und sein Belohnungssystem einfach ein paar Umdrehungen mehr macht. Allerdings konnte man dieses Ansehen nicht nur damals noch zusätzlich dadurch steigern, dass man bereit ist, seinen Erfolg mit anderen zu teilen. Nicht umsonst hat Bernard Madoff großzügig Millionen gespendet.

Es ist das gesellschaftliche Wertesystem an sich, das im Zusammenhang mit der Habgier kritisch betrachtet werden muss. Generell gilt ja jemand, der viel Steuern zahlt, nicht etwa als Wohltäter der Gesellschaft, sondern eher als dumm, weil er dem Finanzamt kein Schnippchen schlägt. Steuerehrlichkeit sollte nicht auf der Angst, erwischt zu werden, begründet sein und auch nicht als bloße Pflichterfüllung angesehen werden.

An dieser Stelle sei daran erinnert, dass wir im Kopf sowohl ein ökonomisches als auch ein soziales System haben. Da nun das Zahlen von Steuern nur noch ein ökonomischer Akt ist, genauso wie das Kassieren von Millionen-Boni, können wir auch nicht erwarten, dass die Gesellschaft anders funktioniert, als sie es zurzeit tut. Das Soziale bleibt leider immer häufiger auf der Strecke.

Zusammenfassung

Sparen wird im Allgemeinen als Tugend angesehen. Ob und auf welche Weise ein Mensch spart, hängt in erster Linie damit zusammen, ob und in welchem Maße er die Befriedigung aktueller Bedürfnisse zurückstellen oder gar darauf verzichten muss. Also spielt die Höhe des zur Verfügung stehenden Einkommens eine Rolle. Hinzu kommen bestimmte Persönlichkeitsmerkmale und natürlich auch das Alter und die Bildung.

Bei Kaufentscheidungen findet immer ein Wettbewerb zwischen der Freude, etwas zu bekommen, und dem Schmerz, etwas dafür zu bezahlen, statt. Dabei verarbeitet das Gehirn mögliche Gewinne und mögliche Verluste in unterschiedlichen Bereichen.

Der Zeithorizont spielt beim Sparen eine wichtige Rolle. Generell tendiert der Mensch dazu, möglichst schnell belohnt zu werden oder sich seine Wünsche zu erfüllen. Dabei kommt es aber auch auf die persönliche Einsschätzung der Zukunft an.

Bei der Habgier handelt es sich um eine Sucht. Sie beruht auf einer Überfunktion des Belohnungssystems. Doch auch bei habgierigen Menschen kommt es nicht so sehr auf die absolute Höhe seines Vermögens an, es reicht ihm völlig, wenn er mehr hat als seine Mitmenschen.

Wie das Gehirn über Geldanlagen denkt

Was Sie in diesem Kapitel erwartet

Nach einer kurzen Darstellung der Vermögenslage in Deutschlands Bevölkerung erfahren Sie, was Immobilienbesitz von anderen Besitzformen unterscheidet. Wir betrachten, weshalb die Erwartungen von Sammlern oft enttäuscht werden und weshalb an der Börse Gewinne seltener sind, als die Statistik prognostiziert.

Wie sich das Vermögen der Deutschen verteilt

Bevor wir uns über die Geldanlagemöglichkeiten und ihre unterschiedliche Beurteilung im Gehirn Gedanken machen, sollten wir uns doch zunächst einmal die Vermögensverteilung in Deutschland vor Augen führen.

Im Jahr 2007 hatte jeder Erwachsene im Durchschnitt ein Nettovermögen von gut 88.000 Euro. Über die Verteilung des Geldes sagt diese Zahl allerdings wenig aus. Tatsächlich ist es so, dass rund zwei Drittel der Erwachsenen netto kein oder nur ein geringes Geld- oder Sachvermögen besitzen.

Selbst wenn man die Werte aus Versicherungen, Geld- und Immobilienbesitz zusammenrechnet, sind es für diese Bundesbürger pro Kopf weniger als 20.000 Euro. Insgesamt macht ihr Nettovermögen nur neun Prozent des gesamten Privatvermögens aus, während das reichste Zehntel der erwachsenen Bevölkerung 2007 über 61,1 Prozent besaß.

Wir können davon ausgehen, dass jeder, der Geld über hat, das er nicht für den täglichen Konsum braucht, versuchen wird, dieses möglichst gewinnbringend anzulegen. Ist die zur Verfügung stehende Summe allerdings nur klein, dann ist es die Palette der Anlagemöglichkeiten ebenfalls und beschränkt sich auf die Standardangebote der Finanzbranche, vom Tagesgeldkonto über Bausparverträge und Fondsanteile bis hin zu Kapitallebensversicherungen.

Schon die Möglichkeit, in selbst genutzte oder zu vermietende Immobilien zu investieren, setzt entweder ein gewisses vorhandenes Kapital, ein entsprechend gutes Einkommen oder aber, und das immer häufiger, eine Erbschaft voraus.

Zitat:
„Sparsamkeit ist eine Tugend, die man vor allem an den Vorfahren schätzt."

Werner Schneyder

Gerade in Krisenzeiten denken viele Kapitalbesitzer darüber nach, ob es für die Zukunft noch sinnvoll ist, sein Geld den Finanzmärkten anzuvertrauen. So hat die Finanzkrise die Zahl der Aktionäre in Deutschland 2008 deutlich einbrechen lassen.

Allein in der zweiten Jahreshälfte zogen sich mehr als eine Million Aktienanleger vom Markt zurück, so dass jetzt nur 13,5 Prozent der deutschen Bevölkerung ein Engagement in Aktien oder Aktienfondsanteilen haben. Im Jahr 2001 lag dieser Anteil noch bei 20 Prozent. Die Frage ist jetzt, wie wurde und wie wird zukünftig die Entscheidung über die Geldanlage getroffen werden.

Das Eigenheim ist eine besondere Form des Besitzes

Ganz oben auf der Wunschliste steht schon seit Jahrzehnten die selbst genutzte Immobilie. Vier Fünftel der Deutschen träumen davon, in den eigenen vier Wänden zu leben. Damit folgen sie einem weltweiten Trend, der besonders exzessiv in den USA verwirklicht wurde und uns, wie wir inzwischen wissen, nicht nur eine Immobilienkrise, sondern eine weltweite Finanzkrise beschert hat.

„Eine selbst genutzte Immobilie ist eine besondere Form des Besitzes", erklärt Hartmut Kliemt, Professor für Philosophie und Ökonomik an der Frankfurt School of Finance & Management. Oft wird die gesamte Lebensplanung dem Hauskauf untergeordnet. Und auch wenn dies aufgrund einer günstigen finanziellen Situation nicht notwendig ist, stellt besonders der Besitz eines Hauses doch etwas ganz anderes dar als zum Beispiel der Besitz eines Automobils.

Während man früher bei Immobilien generell mit einer Steigerung des Marktwertes rechnen konnte, ist es heute angesichts der demografischen Entwicklung in vielen Regionen Deutschlands schon so, dass man für Häuser kaum noch Mieter oder Käufer findet, und wenn doch, zu Preisen, die meist weit unter den eigenen Erwartungen liegen.

Immer häufiger spricht man heute im Zusammenhang mit einem Haus weniger von einer sicheren Altersvorsorge, sondern immer öfter von einer Altersfalle. Doch bei dem Erwerb und dem Besitz einer Immobilie geht es oft gar nicht um rationale Fragen. Es geht tatsächlich darum, den sozialen Aufstieg für die Mitmenschen sichtbar zu machen, um ein Symbol individueller Freiheit und Unabhängigkeit zu besitzen und um den eigenen Status zu demonstrieren.

Dabei spielen dann sowohl die Lage der Immobilie als auch ihre Größe eine Rolle, die kaum noch an ökonomischen Maßstäben zu messen ist. Viele Immobilienentscheidungen werden also höchst irrational getroffen. Es werden marode Gebäude gekauft, nur weil im Garten ein paar wunderschöne Apfelbäume stehen. Es werden Ferienimmobilien erworben, die man tatsächlich nur höchst selten nutzen kann, weil sie das Symbol eines unvergesslichen Urlaubs sind.

Und wer eine Immobilie kauft, um sie zu vermieten, ist sich meist überhaupt nicht darüber im Klaren, in welch komplizierte soziale Zwickmühlen er sich damit bringen kann. Denn über die Vermietung einer Immobilie verknüpft er seine eigenen Wünsche und Erwartungen mit denen von in der Regel wildfremden Menschen, die er erst im Laufe der Zeit besser kennen lernt und an deren Lebensgeschicke er mehr oder hoffentlich weniger teilhaben wird.

Mieter, die überzogene Ansprüche stellen, die Miete nicht mehr zahlen können oder wollen und dann aber auch nicht bereit sind, die Immobilie zu verlassen, haben schon vielen Vermietern schlaflose Nächte bereitet, besonders dann, wenn diese eine emotionale Beziehung zu ihrem Besitz aufgebaut haben. Deshalb überlegen sich viele Kapitalbesitzer, ob es nicht auch noch andere Sachwerte gibt, in die es sich zu investieren lohnt.

Die Erwartungen der Sammler werden oft enttäuscht

Eine ganz besondere Spezies sind die Sammler von Dingen. Ob es sich nun um Gemälde oder Fotografien handelt, von manchen abschätzig als „Wandaktien" bezeichnet, oder um Uhren, Schmuck, Antiquitäten oder alte Autos, immer häufiger treten neben den Liebhabern und Kennern auch Investoren auf den Plan.

Da ihnen oft die notwendigen Kenntnisse fehlen und sie sich häufig von jenen beraten lassen, die etwas verkaufen wollen, steht bei ihnen zwar die Vorstellung von einer Geldanlage mit guten Chancen zur Wertsteigerung im Mittelpunkt, die dann allerdings oft genug enttäuscht wird. Längst nicht alle teuren Schmuckstücke und Uhren steigen im Wert, allein schon deshalb nicht, weil die Händlermargen zwischen 15 und mehr als 40 Prozent den Wert einer Neuerwerbung fast halbieren, sobald man den Laden verlässt.

Die Erkenntnisse des Neuromarketings wurden und werden zwar in erster Linie im Zusammenhang mit weit verbreiteten Konsumartikeln und populären Marken gewonnen, Anwendung finden sie jedoch auch auf Luxusartikel und Kunstgegenstände.

Gerade die Preise von Kunst sind sehr stark aktuellen Modetrends unterworfen. Wer glücklich wird, wenn er sammelt und Kennerschaft zeigt, soll dies gern tun und auch die Freude empfinden, wenn er seine Sammelstücke präsentiert. Wer allerdings nur die Preise im Kopf hat und auf den Gewinn beim Wiederverkauf schielt, sollte unbedingt die neurowissenschaftlichen Erkenntnisse zum Anker- und zum Endowment-Effekt berücksichtigen und bei Sachinvestitionen sehr vorsichtig sein.

Welchen Preis ist man bereit zu zahlen? – der Anker- und der Endowment-Effekt

Der Ankereffekt führt dazu, dass zum Beispiel der Preis eines Bildes von einem bestimmten Künstler als Fixpunkt genommen wird, an dem sich der Erwerber eines anderen Bildes desselben Künstlers orientiert. Dabei ist dieser Preis weder allgemein gültig, noch auf andere Objekte des Künstlers ohne weiteres zu beziehen.

Wir haben schon an anderer Stelle auf den Ankereffekt hingewiesen und zahlreiche Experimente beweisen immer wieder, dass man sich bei der Beurteilung von Werten unbewusst an Vorgaben von außen orientiert, auch wenn diese nicht sinnvoll sind oder sogar in überhaupt keinem Zusammenhang mit dem Wert eines Objektes stehen. Wenn die Zahlen, die als Anker für die Einschätzung eines bestimmten Preises dienen, vollkommen irrelevant sind, spricht man von so genannten „Luftankern".

In Experimenten wurden zum Beispiel Wirtschaftsprüfer gefragt, wie hoch sie die Zahl der Betrugsfälle in Unternehmen schätzen. Fragte man eine Probanden-Gruppe, ob es mehr als zehn Fälle auf 1.000 seien, wurde die Zahl der Betrugsdelikte auf 16 geschätzt. In einer anderen Gruppe fragte man dann, ob es mehr oder weniger als 200 Betrugsfälle seien, hier wurde die tatsächliche Zahl auf 43 geschätzt.

Es reichte also vollkommen aus, eine willkürliche Zahl in den Raum zu stellen, um die Einschätzungen der Versuchspersonen zu manipulieren. Gleiches kann man natürlich auch mit Telefonnummern oder Geburtsdaten machen.

So etwas wissen allerdings auch gewiefte Verkäufer. Sie werden zu Sammelobjekten nicht nur großartige Geschichten erzählen, sondern auch Anker auswerfen, die den geforderten Preis als günstig erscheinen lassen. Das böse Erwachen kommt spätestens dann, wenn sich ein geldanlageorientierter Sammler von einem seiner Stücke trennen möchte.

Dann greift plötzlich der Endowment-, also Besitztumseffekt. Eine Faustregel sagt, dass der Besitzer eines Gutes den Wert desselben im Verhältnis zum potenziellen Käufer um den Faktor 2 überschätzt. Auch dafür hatten wir schon Beispiele aus der Verhaltensökonomie.

Inzwischen ist das menschliche Besitzstandsdenken auch auf neurophysiologischer Basis unter anderem von Brian Knutson von der Stanford University untersucht worden. Er ließ seine Testkandidaten für 60

Dollar zwei Elektronikprodukte kaufen, wobei die Preise dafür von den Forschern festgelegt worden waren.

Anschließend erhielten die Testteilnehmer die Aufgabe, sich die Waren gegenseitig wieder zu verkaufen, wobei die Hirnaktivitäten mit Hilfe der funktionellen Magnetresonanztomografie beobachtet wurden. Die geforderten Preise lagen meist über den Erwerbspreisen, aber die gebotene Summe betrug nur die Hälfte von der geforderten.

Die Bilder von den Hirnaktivitäten zeigten, dass der Verkauf als Verlust eines persönlichen Gegenstands empfunden wird, auch wenn man Geld dafür erhält, und in derselben Hirnregion verarbeitet wird, die auch für das Schmerzempfinden zuständig ist.

Nur bei professionellen Verkäufern, die Waren von vornherein erwerben, um sie weiterzuverkaufen und diese auch nur kurze Zeit besitzen, war dieses Verlustgefühl nicht zu registrieren. Verkäufer haben also in der Regel ein realistisches Verhältnis zum Preis, was aber nicht unbedingt auf einen Juwelier, Kunsthändler oder Antiquar zutreffen muss, der bestimmte Dinge in seinem Laden lieb gewonnen und als Teil seines Besitzes angenommen hat.

Die Ursprünge des Endowment-Effekts scheint man jetzt bei Schimpansen entdeckt zu haben, die nur ungern Tauschgeschäfte eingehen wollten. Offensichtlich gilt die Regel, dass man etwas, das man hat, besser nicht hergeben sollte, um sich vor Übergriffen und Ungerechtigkeit zu schützen. Vielleicht steckt dieses Denken auch im Menschen, doch das Rätsel wird man zumindest zurzeit auch mit neurowissenschaftlichen Methoden noch nicht lösen können.

Vom Kapitalbesitzer zum Unternehmer

Nicht wenige Menschen, die schon über längere Zeit gut beziehungsweise sehr gut verdient oder ein Vermögen geerbt haben, liebäugeln mit dem Gedanken, selbst einmal ein kleines oder mittleres Unternehmen zu besitzen. Oft gehen die Gedanken dann in Richtung Weinhandlung oder Restaurant, aber auch Handwerks-, Fertigungs- oder Dienstleistungsunternehmen stehen dann auf der Wunschliste.

Eine selbst genutzte Immobilie besitzt man bereits, von Vermietobjekten erwartet man nur Ärger, für teure Sammlerleidenschaften hatte man nie genug Zeit, sich die notwendigen Kenntnisse anzueignen, und die Aktienmärkte sind zu anonym, um echte Begeisterung zu wecken. So werden manche Banker zu Weinhändlern und manche Manager entdecken ihre Leidenschaft für Blumen oder Feinkostartikel.

Andere gehen die Sache aber auch weniger idealistisch und an den eigenen Interessen orientiert an, sondern viel pragmatischer, indem sie versuchen, ihren Kapitalüberfluss dort einzusetzen, wo Kapitalmangel herrscht.

Firmennachfolger dringend gesucht

300.000 mittelständische Unternehmen mit vier Millionen Mitarbeitern suchen derzeit in Deutschland nach einem Nachfolger für den Firmeninhaber. Wenn in einem solchen Unternehmen außer dem Seniorchef noch gute Führungskräfte vorhanden sind, denen es nur an entsprechenden Geldmitteln fehlt, kann eine Übernahme oder Beteiligung für einen Kapitalgeber durchaus interessant sein.

Kleine und mittelständische Betriebe mit durchschnittlich 20 Beschäftigten sind in den Nachfolgebörsen der Industrie- und Handelskammern in großer Zahl zu finden. Allerdings ist dabei neben viel Fingerspitzengefühl und psychologischem Einfühlungsvermögen auch solides Wirtschaftswissen gefragt.

Ohne externe Beratung, zumindest durch einen Steuerberater und einen entsprechend qualifizierten Juristen, vielleicht zieht man auch noch einen auf kleine und mittelständische Unternehmen spezialisierten Unternehmensberater hinzu, kommt man meist nicht weit.

Nur mit Unternehmen lässt sich ein Vermögen machen

Betrachten Sie die reichsten Deutschen, ob es nun die Aldi-Besitzer Albrecht, die Mitgründer von SAP Hasso Plattner und Dietmar Hopp sind oder der BMW-Erbe Stefan Quandt, sie alle sind nicht durch Geldanlagen reich geworden, sondern durch ihr Unternehmen.

99 Prozent aller richtig großen Vermögen entstehen in erfolgreichen Unternehmen. Mit einer Anlage am Kapitalmarkt gelingt es hingegen so gut wie nie, ein Vermögen so zu vervielfachen, wie es mit einem gut geführten Unternehmen durchaus möglich ist.

Wenn ein Unternehmen jahrelang erfolgreich läuft, kann es schon regelmäßig eine jährliche Nettorendite von zehn Prozent oder mehr auf das eingesetzte Kapital erwirtschaften. Solche Renditen sind kaum am Aktien- oder Anleihemarkt zu erreichen, auf jeden Fall nicht so kontinuierlich, und auf gar keinen Fall mit so genannten „risikoarmen" Anlageformen wie Fondsanteilen oder DAX-Aktien.

Firmenübernahmen sind teurer als Neugründungen

Wer ein Unternehmen übernehmen oder sich an einer Firma beteiligen möchte, muss auch auf jeden Fall mit höheren Summen rechnen als bei einer Neugründung. Für Beratungs- oder Dienstleistungsunternehmen, die einen Jahresumsatz von fünf Millionen Euro nachweisen können, kann durchaus schon ein Kaufpreis in Höhe von zwei bis drei Millionen Euro fällig werden.

Das Wichtigste bei einer solchen Betriebsübernahme oder Beteiligung ist die Zukunftsfähigkeit des betreffenden Unternehmens, und die sieht gerade im Einzelhandel häufig kritisch aus. Viele Besitzer verkaufen erst, wenn erkennbar wird, dass ihre Firma in Zukunft nicht mehr rentabel sein wird. Fertigungsbetriebe haben vor dem Verkauf häufig nicht mehr investiert und stehen vor einem Innovations- und Investitionsstau. Im Verhalten der Verkäufer finden wir all die Elemente wieder, die schon im Rahmen der Behavioral Economics als fehlerhaft erkannt worden sind.

Auch wenn der Firmeninhaber sich keinerlei Illusionen mehr darüber macht, welchen Preis er für seine Firma erzielen kann, lohnt sich die Übernahme oft dennoch nicht oder nicht mehr.

Manche Kapitalbesitzer orientieren sich in ihren Anlagewünschen auch an erfolgreichen Sportlern, wie zum Beispiel dem früheren Tennis-Ass Boris Becker, der in Mecklenburg-Vorpommern eine Mercedes-Benz-Niederlassung besitzt, oder an dem Boxer Henry Maske mit seinen Franchise-Unternehmen von McDonald's. Doch schlichtes Nachahmen führt, wie das Herdenverhalten an der Börse, nicht zum Erfolg. Jeder, der solche oder ähnliche Ideen hat, muss sich sehr genau überlegen, wie weit er sich selbst in der Führung seines Unternehmens engagieren will und kann oder wie weit er diese zu delegieren bereit und in der Lage ist.

Zitat:
„Es gibt tausende Möglichkeiten, sein Geld auszugeben, aber nur zwei, es zu erwerben; entweder wir arbeiten für Geld oder das Geld arbeitet für uns."

Bernhard Baruch

Emotionen entscheiden immer mit

Unter Neurofinance-Gesichtspunkten tauchen also im Zusammenhang mit Unternehmensübernahmen und Beteiligungen die schon bereits bekannten Probleme auf. Derjenige, der ein Unternehmen verkaufen möchte, überschätzt meist entsprechend dem Endowment-Effekt den Wert des Objekts, während der potenzielle Erwerber ihn eher unterschätzt.

Gerade wenn es sich um Liebhabereien handelt, wie einen Wein-, einen Feinkost-, einen Blumen- oder einen Antiquitätenhandel, können die Begeisterung, überzogene Zukunftserwartungen und Selbstüberschätzung des potenziellen Erwerbers zu gravierenden Fehlern führen, die schon bald teuer bezahlt werden müssen.

Alle Aspekte, die im Zusammenhang mit der Prospect Theory, also der Neuen Erwartungstheorie, stehen, werden auch bei der Entscheidung, Unternehmer zu werden oder zumindest Unternehmenseigner, eine große Rolle spielen. Hinzu kommen dann später auch noch alle Aspekte, die die Unternehmensführung betreffen.

Auch Start-ups suchen Kapital

Manch einer, der über Kapital verfügt, das er flexibel einzusetzen bereit ist, denkt vielleicht auch darüber nach, als Business Angel mit Risikokapital Start-up-Unternehmen unter die Arme zu greifen. Allerdings darf man die Flop-Rate bei der Realisierung neuer Ideen nicht unterschätzen. Auch wenn bei solchen jungen Unternehmern viel Idealismus, Zukunftsbegeisterung und Leistungsbereitschaft vorhanden ist, darf man daraus noch lange nicht einen finanziellen Erfolg ableiten.

Denn auch wenn man von Risikokapital spricht, handelt es sich für den Kapitalgeber immer um eine Entscheidung unter Ungewissheit. Oft genug fällt die Entscheidung der Kapitalgeber, nachdem Ideen geprüft und Chancen soweit möglich nachgerechnet wurden, dann doch wieder für ein Engagement am Aktienmarkt.

Reich an der Börse – Motive und Fehler

Zitat:
„Die Börse besteht zu 90 Prozent aus Psychologie."

André Kostolany

Wer die Basismöglichkeiten zur Geldanlage wie Tagesgeldkonten, Bausparverträge und Lebensversicherungen ausgeschöpft hat und wem sie nicht genug Rendite zu bringen scheinen, wer eine oder mehrere Immobilien besitzt, aber nicht in die Rolle des Vermieters schlüpfen möchte, wer seinen Hobbys und Sammelleidenschaften frönen kann, ohne dass sie zu einer Obsession werden, die dazu führt, sich bis an die Grenzen des von ihm Finanzierbaren oder darüber hinaus zu bewegen, wer weder Lust noch Zeit hat, Unternehmer oder Partner eines Unternehmers zu werden, der wird irgendwann bei Leuten wie Bernie Madoff landen, die allerdings nicht wie dieser betrügerisch handeln, sondern tatsächlich davon überzeugt sind, wahre Geldgurus zu sein.

Die Logik dieser „Finanzgenies" ist ganz einfach. Wären sie nicht cleverer, intelligenter, berechnender und vorausschauender als alle anderen, dann würde ihnen doch niemals ein Unternehmen oder ein Investor die exorbitanten Gehälter, Boni und Provisionen zahlen, die sie als Finanzanalysten, Fondsmanager, Investment-Banker oder Vermögensverwalter erhalten.

Geldgenies hatten oft nur mehr Glück als Verstand

Dass die meisten von ihnen nur gelegentlich Glück hatten und auch durchschnittliche Erfolge oft übermäßig belohnt wurden, und dass für alle die Regel galt, „Die Flut hebt alle Schiffe", dämmert erst wenigen der Finanzprofis. Jetzt gilt es durch die von der Finanzkrise ausgelöste Ebbe sichtbar gemachten Riffe und Untiefen zu navigieren, wobei sich schnell die echten Kenner von den Schönwetterkapitänen unterscheiden.

Besonders merken es diejenigen, die an der Wall Street ihren so sicher geglaubten Arbeitsplatz mit der „In-fünf-Jahren-Millionär-Garantie" verloren haben und statt Champagner wieder Selters trinken.

Denn jetzt wird für alle deutlich, was die Wissenschaftler der Behavioral Finance schon immer wussten: Auch Geldgenies sind nur Menschen, deren Gehirn nicht besser, aber meist auch nicht schlechter funktioniert als das anderer intelligenter Menschen. Und auch in den Gehirnen derjenigen, die sich so großartig darstellen und verkaufen können, sind dieselben Prinzipien wirksam wie bei allen anderen Menschen auch.

Trotzdem erwarten die anspruchsvollen und vermögenden Privatanleger von ihren Banken und Beratern, dass sie ihnen den Zugang zu lukrativen Finanzprodukten verschaffen, die eigentlich nur institutionellen Anlegern vorbehalten bleiben sollten. Doch selbst diese professionellen Anleger haben sich offensichtlich in der Beurteilung ihrer eigenen Fähigkeiten, Finanzprodukte einschätzen zu können, als simple Otto-Normalverbraucher erwiesen.

Zitat:
„Das Geheimnis des Börsengeschäfts liegt darin, zu erkennen, was der Durchschnittsbürger glaubt, dass der Durchschnittsbürger tut."

John Maynard Keynes

Wer sich heute immer noch zu den umworbenen „High-net-worth-Individuals" zählen darf, sollte sich also wie jeder andere private Anleger, der sich selbst um die Vermehrung seines Vermögens kümmert, sehr genau überlegen, welche Mechanismen im eigenen Kopf und in den Köpfen seiner Berater vorgehen, die ihm ja schließlich den Zugang zu sonst verschlossenen Vermögenswerten versprechen und ihm Strategien zu eröffnen scheinen, die für niemandem sonst erkennbar sind.

Die Abneigung gegen Ungewissheit liegt in der menschlichen Natur

Alle problematischen Denk- und Verhaltensweisen, die wir aus den Behavioral Economics kennen, finden wir auch bei den Finanz- und Börsenspezialisten wieder. Das zeigt sich zum Beispiel in einer Untersuchung über die Abneigung gegen Ungewissheit (Ambiguity Aversion).

Hierbei wurde das Verhalten von Finanzprofis, es handelte sich um leitende Mitarbeiter einer Versicherung, in Augenschein genommen.

Um das Ergebnis gleich vorwegzunehmen, bei der Entscheidung über Prämien und Zuschläge im Versicherungswesen spielen die Aversionen gegen Ungewissheit und Konflikte eine große Rolle.

Die Risikozuschläge sind höher und damit auch die Preise der angebotenen Produkte, wenn Ungewissheit über mögliche Verluste besteht. Dabei spielen bei Versicherern offensichtlich die unterschiedlichen Quellen der Ungewissheit eine große Rolle. Resultiert sie aus Konflikten oder Meinungsverschiedenheiten innerhalb eines Entscheidungsteams bei der Beurteilung der Ungewissheit, so sind die Prämien noch einmal deutlich höher, als wenn die Ungewissheit nur auf ungenauen Angaben beruht.

Volatilität findet größere Beachtung als Kursrichtungen

Es wurde auch wissenschaftlich nachgewiesen, dass bei der Entscheidung, wie man sich am Aktienmarkt verhält, für die Hirnaktivität nicht die Richtung der Kursbewegung ausschlaggebend ist, sondern die Volatilität, also die Höhe der Kursschwankungen. Große Schwankungen haben für das Gehirn eine höhere Bedeutung und erhalten mehr Aufmerksamkeit als die Zu- oder Abnahme eines bestimmten Wertes.

Evolutionsbiologen erklären das damit, dass in frühen Phasen der menschlichen Entwicklung plötzliche Veränderungen zum Beispiel bei der Suche nach Wasser oder Nahrung als risikoreicher betrachtet wurden als Veränderungen an sich.

Die Neurofinance machte folgende Beobachtung:

Erhält das Gehirn Signale, die mit Finanzentscheidungen verbunden sind, analysiert es die Situation schrittweise. So zeigten Experimente, dass bei bestimmten Ereignissen zunächst eine spontane Sofortreaktion stattfand, auf die dann innerhalb von Sekunden zunehmend differenzierte Reaktionen folgen.

In der Börsenpraxis und erst recht im schnellen Geschäft der Daytrader kann das bedeuten, dass man blitzartig auf eine neue Information mit Kaufen oder Verkaufen reagiert. Die eigentliche Bewertung erfolgt dann erst anschließend.

Dummerweise ist unser Gehirn nun aber so gepolt, dass es sich bemüht, bei jeder auch nur halbwegs akzeptablen Entscheidung Begründungen zu suchen, weshalb es diese getroffen hat und weshalb diese sich noch als richtig herausstellen wird, auch wenn sie bei genauerer Betrachtung zunächst falsch aussieht.

Da nun aber weltweit zu jeder Tageszeit Zigtausende von Tradern vor ihren Bildschirmen sitzen und jede noch so kleine Veränderung beobachten, werden auch alle im selben Augenblick reagieren und jeder Kursbewegung einen zusätzlichen Schub geben, der in seinem Ergebnis natürlich sofort wieder auf den Märkten registriert wird und den eingeschlagenen Trend verstärkt.

Daraus lässt sich dann für den einzelnen Handelnden die Schlussfolgerung ziehen, dass seine Handlung richtig war, ohne dass ihm bewusst wird, dass er einer von vielen war, der eine Selffulfilling Prophecy auslöste.

Der Herde folgen

Es gibt an der Börse unter den Aktien immer „Trendwerte", die von einer wachsenden Anzahl von Anlegern gekauft werden, weil sie einfach dem „Herdentrieb" folgen. Die Folge ist ein Kursanstieg. Wenn die Aktie aber wieder aus der Mode kommt, wird sie extrem billig, weil ein Überverkauf stattgefunden hat.

Dieser Herdentrieb, also dass Anleger genau das tun, was die anderen auch tun, ist lange bekannt und wurde durch viele Studien belegt. In der Praxis ist er häufig Auslöser für Turbulenzen am Aktienmarkt, denn der Herdentrieb wird nicht nur beim Kauf von Aktien, sondern auch beim Verkauf wirksam.

> *Zitat:*
> *„Die massenpsychologischen Reaktionen sind an der Börse wie im Theater: Einer gähnt, und in kürzester Zeit gähnt jeder. Hustet einer, so hustet sofort der ganze Saal."*
>
> *André Kostolany*

Dass aber nicht alle Anleger dem Herdentrieb folgen, ergab eine Studie der Universitäten Bonn und Heidelberg, die 2006 veröffentlicht wurde. Psychologen bilden danach eine Ausnahme. Sie misstrauen überbewerteten Aktien und kaufen gerade nicht die Aktie, die von vielen anderen gekauft wurde und dementsprechend teuer ist.

Es handelte sich um ein Internet-Experiment an 35 deutschen Universitäten mit rund 6.500 Teilnehmern. Jeder Spieler musste sich zwischen zwei Aktien entscheiden, von denen nur eine Gewinn brachte. Vor dem Aktienkauf erhielten die Teilnehmer Tipps eines Investmentbankers, die aber nur in zwei von drei Fällen zutrafen. Am Kursverlauf konnten die Spieler ablesen, für welche Aktien sich die Mitspieler entschieden hatten.

Es zeigte sich, dass die Versuchspersonen keinesfalls blindlings dem Verhalten ihrer Mitspieler folgten. Viele verhielten ich sogar bewusst entgegen dem Trend, und zwar vor allem die Psychologen. Dieses Verhalten kann durchaus sinnvoll sein, wenn man glaubt, dass die aktuelle Kursentwicklung übertrieben ist und auf irrationalem Verhalten der anderen Anleger beruht, so die Autoren der Studie.

Gerade die Psychologen hatten ein gutes Gespür für solche Einflüsse. Der Erfolg gab ihnen Recht. Psychologen erzielten bei dem Spiel eine Rendite von über acht Prozent und damit nahezu drei Mal so viel wie Wirtschaftswissenschaftler und Physiker. Psychologische Einflüsse mit ins Kalkül zu ziehen, hilft also bei Anlageentscheidungen.

Das Problem mit dem Anker

Auch an der Börse kommt das bereits betrachtete Anker-Prinzip zum Tragen. Es fällt schwer, den tatsächlichen Wert einer Aktie zu schätzen. Viele Privatanleger nehmen dann ihren Einstandspreis als Anker und sind nicht bereit, ihre Aktie für weniger als den Einstandspreis zu verkaufen.

Auch Kursziele, die irgendein Analyst genannt hat, können als Anker dienen. Der Anleger sucht dann nach Argumenten dafür, dass eine Aktie diesen Wert erreichen könnte. Die Aktie erscheint ihm attraktiver und er entschließt sich zum Kauf.

Das Spiel mit den Vorhersagen

Prognosen, sowohl eigene als auch die von professionellen Analysten stellen in vielen Fällen die Grundlage für Anlageentscheidungen dar. Dabei wissen wir aus Erfahrung, wie häufig Prognosen völlig daneben liegen und dass Schimpansen, die mit Dartpfeilen werfen, oft eine höhere Trefferquote haben als Finanzprofis.

In einmal akzeptierte Prognosen haben die Anleger allerdings ein hohes Vertrauen. Wenn sie sich eine Meinung gebildet haben, tendieren sie dazu, dabei zu bleiben. Dabei ignorieren sie oftmals auch neue Informationen, die das Börsengeschehen beeinflussen.

Das menschliche Gehirn ist dafür gemacht, Muster und Regeln intuitiv zu erkennen. Ohne diese Fähigkeit könnten Kinder zum Beispiel keine Sprachen erlernen, und auch wenn der erwachsene Mensch Fremdsprachen auf andere Weise erlernt, die Neigung, Sachverhalte miteinander zu kombinieren und in Beziehung zu setzen, den Zusammenhang zwischen Ursache und Wirkung zu erkennen, bleibt ein Leben lang erhalten und funktioniert praktisch unbewusst.

Ohne ein Netz von Zusammenhängen und Mustern und ohne die Vermutung über die Ursache einer Wirkung könnten wir keine Vorhersagen treffen, die Basis für unsere Entscheidungen und unser Verhalten bilden.

Leider lässt sich dieses Denksystem aber auch oft in die Irre führen. Wir konstruieren auch dort Zusammenhänge, wo es keine gibt. Viele Formen des Aberglaubens basieren auf solchen Mustern, und natürlich versuchen wir sie auch in den zyklischen Bewegungen der Finanzmärkte zu entdecken.

So ist es auch nicht verwunderlich, dass die Börsenastrologie immer noch Anhänger findet. Wenn man die Geburtsstunde einer Aktie kennt, lässt sich im Lauf der Gestirne ablesen, ob ihr Kurs steigen oder fallen wird. Wenn die auf diese Weise getroffenen Prognosen dann doch nicht eintreffen, wird man dies wahrscheinlich mit anderen kosmischen Einflüssen rechtfertigen können.

Die wichtigste Prognose, die man allerdings beherzigen sollte, ist die, dass Aktienmärkte sich nicht an die Regeln von Normalverteilungs-kurven halten und daher auch nicht in der Art vorherzusagen sind, wie es das menschliche Gehirn gewohnt ist zu tun.

Zitat:
„Vor dem Boom und nach dem Krach herrscht große Stille. Was sich dazwischen abspielt, ist nur hysterischer Lärm ohne viel Ver-stand."

André Kostolany

Bei Informationen zählt nicht Menge, sondern Qualität

Es gibt Privatanleger, die vor Anlageentscheidungen versuchen, so viele Informationen wie möglich zu sammeln, statt sich auf wichtige Daten zu konzentrieren. In der Praxis zeigt sich aber immer wieder, dass Informationsüberfluss nur zur Selbstüberschätzung verleitet und keinesfalls zu besseren Entscheidungen.

Ein Fehler ist auch, sich von schönen Geschichten in den Medien, die der Kurs-Pflege dienen und von professionellen Fachleuten für Fi-nanzkommunikation entwickelt wurden, beeinflussen zu lassen, an-statt nur auf Fakten zu achten.

Zitat:
„Es ist oft klüger, ein paar Stunden über sein Geld nachzudenken, als einen ganzen Monat für Geld zu arbeiten."

Oscar Wilde

Anleger tendieren auch dazu, neue Nachrichten bei ihrer Anlageent-scheidung überzubewerten. Dies kann man daran erkennen, dass die Veröffentlichung von Quartalsberichten oder auftretende Gerüchte in der Regel zu heftigen Bewegungen des Aktienkurses führen.

Auf der anderen Seite werden oftmals fundamentale Informationen zu wenig beachtet, diese schlagen sich nur schleppend in der Entwicklung des Aktienkurses nieder. Nur bei außerordentlich positiven Nachrich-ten, steigt der Kurs sofort an.

Schlauer als der Markt – Kompetenzillusion

Viele Privatanleger wollen an der Börse zeigen, dass sie Geld besser anlegen können als alle anderen. Privatanleger haben aber keine Chance, den Markt zu schlagen, sagt Martin Weber, Finanzwirtschafts-Professor an der Universität Mannheim.

Sie überschätzen ihre Fähigkeiten und ihr Wissen. Zwischen Anspruch und Wirklichkeit klafft eine große Lücke. Das Ego ist größer als die Rendite. Und falls jemand einmal Erfolg an der Börse hat, dann handelt es sich keinesfalls um besonderes Können, sondern ganz einfach um Glück, meint Weber.

Zitat:
„Die Börse ist ein Markt für Illusionen, die Geld bringen sollen."

Georg von Siemens

Falsche Kurserwartungen bei der VW-Aktie

Bereits vor drei Jahren hatte Porsche damit begonnen, sich in großem Stil bei Volkswagen einzukaufen, der Anteil stieg allmählich auf über 40 Prozent an. Vor allem Hedgefonds, aber auch andere spekulativ orientierte Anleger wie Adolf Merckle rechneten damit, dass der Kurs der VW-Aktie sinken wird und tätigten so genannte Leerverkäufe.

Bei Leerverkäufen leiht man sich gegen Gebühr Aktien aus und verkauft diese am Markt. Falls der Kurs wie erwartet sinkt, kann man später die Aktien günstiger einkaufen und diese an den Verleiher zurückgeben und macht dabei also einen Gewinn in Höhe der Differenz zwischen dem höheren Verkaufspreis und dem niedrigeren Einkaufspreis. Steigt der Kurs aber, muss man zu den jetzt höheren Preisen die Aktien erwerben, um sie vereinbarungsgemäß zurückzugeben. Damit wird der Kurs weiter in die Höhe getrieben.

Porsche kaufte immer mehr VW-Aktien, so dass die Aktien in Streubesitz allmählich knapp wurden. Die Folge war ein Kursanstieg. Inzwischen mussten natürlich auch Leerverkäufer noch VW-Aktien erwerben, um die geliehenen Aktien zurückgeben. Das verstärkte den Kursanstieg.

Ende Oktober 2008 überraschte Porsche mit der Mitteilung, dass das Unternehmen bereits Zugriff auf über 74 Prozent der VW-Aktien hat, und zwar direkt über Aktien in Höhe von 42,6 Prozent und indirekt in Form von Call-Optionen über weitere 31,5 Prozent. Porsche kündigte an, in den folgenden Wochen die 50 Prozent-Marke zu überschreiten, und bekräftigte das Ziel, im kommenden Jahr die Beteiligung auf bis zu 75 Prozent aufzustocken.

Da das Land Niedersachsen 20 Prozent an Volkswagen hält, waren demnach nur noch rund fünf Prozent der VW-Aktien frei verfügbar. Marktbeobachter gehen davon aus, dass zu diesem Zeitpunkt aber zwölf bis 15 Prozent von Leerverkäufern ausgeliehen waren, die sie bald zurückgeben mussten.

Die Leerverkäufer mussten sich also nun schnellstens mit den knapp gewordenen VW-Aktien eindecken, deren Kurs weiter anstieg. Es folgte ein wahrer Höhenflug der VW-Aktie, der Kurs vervierfachte sich innerhalb von 24 Stunden und stieg zeitweise über die 1.000 Euro Marke. Bis dahin hatte der Kurs der VW-Aktie im Jahresverlauf 2008 ziemlich konstant bei etwa 200 Euro gelegen. Leerverkäufer sollen bei diesen Turbulenzen bis zu 30 Milliarden Euro verloren haben.

Nur kaufen, was man kennt – Die Heimatfalle

Eine Falle, in die professionelle Anleger seltener tappen als Privatanleger ist die so genannte „Heimatfalle".

Die deutschen Privatanleger vernachlässigen nämlich nicht nur die Risikostreuung auf verschiedene Anlagearten, sondern auch innerhalb einer Anlageform. Sie setzen in der Regel auf deutsche Finanzprodukte, ob es nun Fonds, Staats- oder Unternehmensanleihen sind oder Aktien. Wer in Aktien investieren will, kauft deutsche Aktien, auch wenn sie risikoreich und renditearm sind. Arbeitnehmer bevorzugen die von dem Unternehmen, bei dem sie arbeiten, selbst wenn ihnen manche Probleme besser bekannt sind als externen Anlegern.

Wissenschaftler sprechen in diesem Zusammenhang von der Heimatfalle oder von „Home bias". Der Grund für dieses irrationale Verhalten liegt darin, dass der Mensch sich einfach an das hält, was er kennt, was ihm vertraut ist und wozu Verbindungen bestehen, wie immer diese auch geartet sein mögen.

Welche Namen, Zahlen und Erinnerungen im Kopf eines bestimmten Menschen gespeichert sind und für ihn Bedeutung haben, ließe sich mit bestimmten Versuchanordnungen wahrscheinlich sogar mit Hilfe der funktionellen Magnetresonanztomografie ermitteln. Aber so weit muss man gar nicht gehen.

Die meisten Menschen haben eine besondere Beziehung zu ihren Namen und deren Anfangsbuchstaben, zu ihren Geburtsdaten und zu ihren Sternzeichen. Tauchen diese in irgendeiner Beziehung zu einer Finanzentscheidung auf, werden sie wahrscheinlich in der Form einen unbewussten Einfluss ausüben, dass das Bekannte und Vertraute bevorzugt wird. So soll es private Anleger geben, die allein deshalb in eine bestimmte Aktie investieren, weil sie dasselbe Kürzel hat wie die Anfangsbuchstaben ihrer Namen. Wie groß dieser Einfluss des Bekannten und Vertrauten in der Praxis tatsächlich ist, lässt sich allerdings nicht sagen.

Hin und her macht Taschen leer – exzessives Handeln

„Hin und her macht Taschen leer", lautet eine alte Börsenweisheit, die auch heute noch nicht ihre Gültigkeit verloren hat. Wer zu häufig Aktien kauft und verkauft, kann leicht Geld verlieren, denn jede Transaktion kostet Gebühren und Provisionen.

Zusammenfassung

Wenn man sieht, in welchem Umfang irrationale Elemente Anlageentscheidungen beeinflussen, kann man sehr gut nachvollziehen, weshalb die Ökonomen sich für den Homo oeconomicus als rein rational denkendes Ideal entschieden haben.

Immobilien sind, so klein oder so groß sie auch sein mögen, nicht nur eine Kapitalanlage mit Gebrauchswert, sondern innerhalb der jeweiligen sozialen Schicht auch ein Prestigeobjekt, das den erreichten sozialen Status darstellt.

Den meisten Vermietern von Immobilien, so weit es sich nicht um anonyme Gesellschaften handelt, haftet meist zumindest aus Sicht der Mieter ein Hauch von Ausbeutertum an, auch wenn dies, wie prominente Beispiele wie der Undercover-Journalist Günter Wallraff, der einige Immobilien in Köln besitzt, zeigen, gar nicht der Fall ist. Das Problem ist allerdings, dass die schwarzen Schafe und ihre Bloßstellung in Verbrauchermagazinen des Fernsehens das Image des Vermieters ein für alle Mal verdorben haben.

Ähnliches gilt für den Kenner und Sammler. Auch hier sind für jeden Menschen erkennbar irrationale Motive die treibende Kraft. Das Bild in der Öffentlichkeit wird aber von Kunstspekulanten geprägt, denen man nicht die Suche nach höheren Werten unterstellt, sondern reine Habgier.

Das Image von Unternehmern ist in Deutschland seit dem Beginn der Industrialisierung ohnehin lädiert und lässt sich kaum reparieren, wozu Werksschließungen, wie zum Beispiel bei Nokia in Bochum, ihren Anteil beitragen. Dass man zwischen der Unternehmenspolitik multinationaler Unternehmen und mittelständischer Unternehmer, wie zum Beispiel dem Trigema-Chef Wolfgang Grupp, der eine sehr persönliche Verantwortung trägt, unterscheidet, ist ja kaum der Fall.

Auch Aktionäre hatten, ob nun als Spekulationsgewinner oder Kuponklipper, stets mit dem Ruf zu kämpfen, nur das ernten zu wollen, was andere erarbeitet haben.

Wir sehen also, wie das Gehirn über Geldanlagen denkt. Sowohl aufseiten derjenigen, die wie auch immer ihr Geld anlegen, spielt Irrationalität eine große Rolle, wie auch aufseiten derjenigen, die kein oder aus ihrer Sicht nur wenig Geld anlegen können.

Besonders krass scheinen die Vorurteile in der Mittelschicht zu sein. Sie besitzt zwar Geld, empfindet aber die Ungleichheit gegenüber Nachbarn, Kollegen oder Verwandten, die noch mehr besitzen, stärker als die ärmeren Schichten, in denen eher eine klassenspezifische Solidarität zu erkennen ist, die in Krisenzeiten noch wächst.

Wahrscheinlich ist das soziale System in den Köpfen der Menschen bestimmender, wenn die finanziellen Grundlagen für das Aktivwerden des ökonomischen Systems nicht oder nur begrenzt vorhanden sind. In der mittleren und oberen Mittelschicht hingegen scheint das ökonomische System im Gehirn gerade in der Altersgruppe der 20 bis 40-Jährigen die Oberhand gewonnen zu haben.

Warum wir immer wieder die falschen Geldentscheidungen treffen

Was Sie in diesem Kapitel erwartet

In diesem Kapitel zeigen wir Ihnen, wie die vier verschiedenen Gehirnsysteme, also das Belohnungssystem, das emotionale System, das Gedächtnissystem und das Entscheidungssystem auf unsere Entscheidungen in Geldangelegenheiten einwirken.

Das Belohnungssystem kann nicht mit Geld umgehen

Im Gehirn von Säugetieren und damit auch von Menschen gibt es so genannte „Lustzentren", die man zunächst nur für primitive Mechanismen hielt. Erst durch die bildgebenden Verfahren in den Neurowissenschaften konnte ihre tatsächliche Bedeutung erkannt werden.

Wenn das Belohnungssystem aktiv ist, fühlen wir uns wohl und zufrieden. Wir befinden uns in einem Zustand, den wir uns dauerhaft wünschen. Leider ist dieses gute Gefühl im Alltag nicht ohne besonderes Zutun zu erreichen. Und genau darin liegt der Zweck des Belohnungssystems.

Wäre es dauernd stimuliert, auch ohne Anlass, würde uns der Anreiz, aktiv zu sein, fehlen. Es spornt uns also zu Leistungen an. Dabei verstärkt, moduliert, modifiziert oder hemmt es unbewusste Gedankenprozesse, ohne dass uns sein Tätigwerden bewusst wird.

> ### Kernsatz
> Das Belohnungssystem spornt uns zu Leistungen an.

Das Problem des Belohnungssystems besteht allerdings darin, dass es zwar sehr gut mit sozialen Belangen wie Fairness und Vertrauen umgehen kann, und dass es auch auf alle Formen von Gewinnen, besonders wenn sie überraschend erfolgen, sofort reagiert, dass es aber leider nicht, um es einmal salopp zu formulieren, mit Geld umgehen kann.

Das Belohnungssystem erliegt der Geldillusion, schätzt also den nominalen Wert höher ein als den realen, und ist auch mit dafür verantwortlich, wenn wir uns selbst überschätzen. Das Belohnungssystem ist auch nicht dafür gemacht, konkret zu rechnen, sondern eher „über den Daumen" Wertschätzungen vorzunehmen. Deshalb ist es sinnvoll, seinen eigenen euphorischen Gefühlen in Gelddingen verhalten gegenüber zu stehen.

Mit dem Belohnungssystem haben wir also schon die erste Fehlerquelle bei Geldentscheidungen identifiziert. So wichtig es ist, dass dieses System uns zu Leistungen antreibt und uns ermöglicht, dass wir uns über Gewinne freuen können, so problematisch ist es, dass ihm die Kompetenz in Gelddingen fehlt.

Die meisten Aktivitäten des Neuromarketings, das für Finanzdienstleistungen Anwendung findet, zielen auf das Belohnungssystem ab. Als wichtiger Entscheider oder zumindest Mitentscheider im Gehirn fällt es immer wieder auf Botschaften herein, die Rabatt, Sonderangebot oder Vertrauen signalisieren.

Es wäre sicherlich schlimm für unsere Gesellschaft, wenn wir Vertrauen grundsätzlich durch Misstrauen ersetzten. Deshalb sollten wir versuchen, uns daran zu gewöhnen, Vertrauen mit Kontrolle zu kombinieren und diese weder bei uns selbst noch bei anderen mit Misstrauen gleich zu setzen.

Kontrolle heißt in diesem Zusammenhang hauptsächlich Selbstkontrolle. Denn die Geldfallen, die andere Menschen für uns aufstellen, schnappen nur deshalb zu, weil wir ihnen in unserem eigenen Kopf nicht genug Widerstand entgegensetzen. Kontrolle bedeutet also einerseits, immer wieder nachzurechnen und nominale Werte durch reale zu ersetzen, und andererseits, die Motive anderer zu erkennen.

Die meisten Geldfallen wurden schon im Rahmen verhaltenspsychologischer Experimente und Beobachtungen entdeckt. Die Neuroökonomie und Neurofinance bestätigten sie und legten die im Kopf wirksamen Mechanismen offen.

Nur zu wissen, dass es Preisschwellen gibt, und dass Preise psychologisch gestaltet werden, reicht allerdings für den alltäglichen Umgang mit Geld nicht aus. Wir müssen uns die damit verbundenen Mechanismen immer wieder und so lange bewusst machen, bis sie zu einer Verhaltensänderung führen.

So sollten wir wissen, dass wir bei Dingen des täglichen Bedarfs wesentlich sensibler auf Preisunterschiede reagieren als bei Luxusgütern. Das heißt, beim Einkauf von Lebensmitteln im Supermarkt achten wir schon auf kleine Preisdifferenzen, beim vergnüglichen Shopping in der City darf alles das, was wir uns als „Wohltat" gönnen, ruhig etwas teurer sein, ob es nun ein Pullover, eine Kaffeemaschine oder auch nur ein Glas Champagner im Bistro ist.

Dabei wirken sich Preisnachlässe für Markenartikel in unserem Bewusstsein deutlich stärker aus als für markenlose Artikel. Schon eine kleine Preisreduktion halten wir dann für ein Schnäppchen.

Alle Preise, die mit einer ungeraden Zahl aufhören, werden als deutlich niedriger wahrgenommen als die nächsthöhere gerade oder runde Zahl. Wir brauchen uns also nicht darüber zu wundern, wenn ein Preis 9,99 Euro lautet und nicht zehn Euro. Wahrgenommen wird der Unterschied von neun Euro zu zehn Euro, also eine Differenz von einem Euro, während er in Wirklichkeit nur einen Cent beträgt.

Natürlich spielen bei den Geldfallen auch die Ankerpreise und das Framing, also die Preise der anderen Produkte, eine große Rolle. Als Ankerpreis dient meist die unverbindliche Preisempfehlung eines Herstellers, die dann vom jeweiligen Händler unterschritten wird. Allerdings hält sich so gut wie kein Händler an diese Preisempfehlungen, wenn sie überhaupt existieren.

Für den Händler selbst ist der Ankerpreis in der Regel der Einkaufspreis zuzüglich eines Gewinnaufschlags. Wahrscheinlich haben Sie es schon häufiger bemerkt, dass ein Verkäufer bei Preisverhandlungen irgendwann beginnt, in dicken Listen nachzuschlagen, um Ihnen dann mitzuteilen, wie weit er Ihnen preislich entgegen kommen kann.

Natürlich wäre es für jeden Kunden günstig, genau diese Einkaufspreise zu kennen. Manch einer wäre erstaunt, wie günstig Hersteller manchmal ihre Waren abgeben. So ist es auch kein Wunder, dass viele Verbraucher in so genannten Outlet-Centern einkaufen und sich über die Schnäppchenpreise freuen, während die Hersteller sehr zufrieden sind, dass sie für ihre Produkte vom Endverbraucher höhere Preise gezahlt bekommen als vom Handel.

Wie schon oben erwähnt, ist es ein ganz wichtiger Teil der Kontrolle, die Motive der anderen Menschen zu erkennen. Warum gibt es eigentlich Rabatte und Sonderangebote? Einerseits geht es dem Handel darum, sich gegenseitig die Kunden abzujagen, in der Hoffnung, dass diese nicht nur die günstigen Produkte, sondern auch die teureren kaufen.

Das gilt für Supermärkte ebenso wir für Banken, Versicherungen und andere Finanzdienstleister. Im Handel spielt es andererseits aber auch oft eine Rolle, das Sortiment zu bereinigen und so genannte Langsamdreher, also Produkte, die nur wenig gekauft werden, aus dem Regal zu werfen und Platz für lukrativere Waren zu machen.

Ein ganz spezielles Thema ist der so genannte Mengenrabatt. Man wird ihn niemals auf Einzelstücke, also zum Beispiel auf Uhren, die handwerklich in einer Manufaktur gefertigt werden, bekommen, sondern immer nur auf industriell gefertigte Güter. Im Prinzip sind es die Prozesskosten, die den Preis einer Ware bestimmen, und nicht der Wert eines einzelnen Stückes.

Dass allerdings auch der Mengenrabatt eine Preisfalle für den Verbraucher darstellen kann, hat Loriot in seinem Film „Papa ante portas" sehr schön dargestellt. Erst verlor die Hauptperson Heinrich Lohse seinen Arbeitsplatz als Einkaufsdirektor bei der Deutschen Röhren AG, weil er so viel Schreibmaschinenpapier einkaufte, um den höchst möglichen Rabatt zu erhalten, dass es für die nächsten 40 Jahre reichen würde.

Allerdings hat er aus diesem Fehler nichts gelernt. Kaum war er als Pensionär zu Hause, kaufte er den Senf nicht glasweise, sondern auf Paletten ein, um auch hier vom Mengenrabatt zu profitieren. Natürlich hatte er in beiden Fällen ganz genau nachgerechnet, wie viel er sparen kann, und wahrscheinlich ist sein Belohnungssystem auf Hochtouren gelaufen. Doch dieses Beispiel zeigt auch, dass es eben nicht nur auf den Rabatt ankommt, sondern auch darauf, den eigenen Bedarf im Auge zu behalten. Und genau hierbei ist das Belohnungssystem oft nur ein schlechter Ratgeber.

Angst und Panik führen zu Fehlern – das emotionale System

Das so genannte emotionale System basiert auf vier elementaren Reaktionsmustern: Erwartung, Wut, Furcht und Panik. Die Erwartung hängt mit der Neigung des Gehirns zusammen, Vorhersagen zu treffen. Da der Mensch „von Natur aus" dazu neigt, positive Erwartungen hinsichtlich zukünftiger Ereignisse zu haben, auch wenn eine rationale Abwägung zu anderen Schlüssen kommt, könnte man dieses emotionale Muster auch Vorfreude nennen.

Natürlich ist es gut, dass wir nicht als Miesepeter durchs Leben gehen, sondern grundsätzlich optimistisch sind. Wenn dieses erhebende Gefühl allerdings vernünftige und kalkulierbare Finanzentscheidungen überlagert, dürfen wir uns nicht wundern, wenn uns am Ende das Ergebnis doch nicht gefällt.

Die alte Volksweisheit, „Vorfreude ist die größte Freude", wurde von den Neurowissenschaften inzwischen hinreichend belegt. Es ist für den Menschen offensichtlich wichtiger, ein ganz bestimmtes Ziel anzustreben, als es erreicht zu haben. Das betrifft sowohl finanzielle als auch alle anderen Ziele, die sich ein Mensch im Laufe seines Lebens setzt.

Nachdem ein Ziel erreicht wurde, gewöhnt man sich an die neue Situation und man wird sich schon bald nach anderen Aufgaben umschauen. Entsprechende Beispiele finden wir nicht nur im Sport oder in der Wissenschaft, sondern natürlich auch in der Finanzwelt. Die beiden bekanntesten dürften in Deutschland derzeit die SAP-Gründer Dietmar Hopp und Hasso Plattner sein.

Während Hopp sich nun als Mäzen mit dem Fußballverein 1899 Hoffenheim neue Ziele gesetzt hat, gründete Hasso Plattner ein wissenschaftliches Institut in Potsdam, das seinen Namen trägt und nicht nur im Bereich der Informationstechnologie nach neuen Ideen forscht.

Sich kleine Ziele zu setzen und sie auch zu erreichen, stärkt sicherlich das Selbstbewusstsein und wird als positive Erfahrung verbucht. Wichtig ist es aber auch, sich großen Zielen zu widmen. Hier hilft die Vorfreude, Hindernisse zu überwinden. Die Vorfreude ist also gemeinsam mit dem Belohnungssystem eine Antriebskraft, die uns das ganze Leben lang begleitet und die wir uns auch nicht nehmen lassen sollten.

Wut wird durch Frustrationen aktiviert, also durch die Unmöglichkeit, ein zielgerichtetes Verhalten ausführen zu können. Im Zusammenhang mit Finanzfragen spielt Wut allerdings nur eine geringe Rolle, auch wenn sinkende Zinssätze oder Aktienkurse als frustrierend erlebt werden.

Während sich Wut mit Hilfe der funktionellen Magnetresonanztomografie nur äußerst schwer untersuchen lässt, da sie in der Regel mit körperlichen Bewegungen einhergeht, lassen sich Frustrationen mit Hilfe der bildgebenden Verfahren sehr wohl untersuchen und darstellen.

Wenn man zum Beispiel zwei Probanden gleichzeitig dieselben Aufgaben lösen lässt und den einen dafür höher belohnt als den anderen, kann man nicht nur bei dem besser gestellten eine positive Reaktion erkennen, sondern auch eine negative bei dem schlechter gestellten. Doch nicht jede Frustration führt auch gleich zu einer wütenden Reaktion. In heutigen Zeiten scheint die „hilflose Wut" gerade im Zusammenhang mit Entlassungen oder Werksschließungen als Massenphänomen immer häufiger aufzutauchen.

> *Zitat:*
> *„Euphorie und Panik sind die schlechtesten Ratgeber bei Geldanlagen."*
>
> *Roland Leuschel*

Zu den am besten erforschten Emotionen gehören Furcht und Angst. Die sollen dazu dienen, Fluchtreaktionen auszulösen, die Reaktionsgeschwindigkeit zu verbessern und die Aufmerksamkeit zu erhöhen. In Zeiten, als der Mensch noch als Jäger und Sammler großen Gefahren seiner Umgebung ausgesetzt war, spielten diese Reaktionen sicherlich eine überlebenswichtige Rolle und waren auch sehr nützlich.

Da Angst allerdings die Leistungsfähigkeit des Gehirns vermindert, weil man sich nur noch auf die Verarbeitung einer angstbesetzten Situation konzentriert und alle anderen Sachfragen zurückstellt, ist

Angst gerade im Zusammenhang mit Geldfragen eine sehr problematische Emotion.

Kernsatz
Angst vermindert die Leistungsfähigkeit des Gehirns.

Angst kann dazu führen, dass man nicht mehr in der Lage ist, Probleme rational zu bearbeiten und entsprechende Entscheidungen zu fällen. Selbst Termindruck kann die Leistungsfähigkeit eines Gehirns zum Erliegen bringen.

Wer Angst hat, die falschen Entscheidungen zu treffen, wird dies mit größerer Wahrscheinlichkeit tun, als wenn er sich ihnen angstfrei nähern würde. Doch das ist schwierig, denn der Angst liegt ein Lernprozess zugrunde, der rational kaum zu steuern und zu beherrschen ist.

Im Zusammenhang mit Neurofinance spielt die Verlustangst bis hin zur Existenzangst die größte Rolle. Diese Ängste werden heute immer häufiger nicht mehr nur als ein individuelles Problem erlebt, das man möglicherweise gemeinsam mit dem Partner, der Familie, den Freunden oder den Arbeitskollegen auffangen kann, sondern als ein kollektives.

Wenn man in den Medien Schlagzeilen liest, wie „Rezession stürzt EU-Staaten in Schuldenkrise", „Absatzkrise: Europäischer Automarkt schrumpft um die Hälfte", „Finanzkrise: HSH Nordbank verbucht Milliardenverluste", „Tiefe Rezession: Wirtschaft schrumpft im Rekordtempo", darf man sich nicht wundern, wenn die individuelle Vorfreunde auf zukünftige Entwicklungen von der Verlust- und Existenzangst vollkommen überdeckt wird. Auch Appelle, sich von den negativen Schlagzeilen nicht beeinflussen zu lassen, werden kaum erfolgreich sein, denn die generelle Regel lautet nun einmal: „Angst frisst Hirn".

Zitat:
„Die Börse ist wie ein Paternoster. Es ist ungefährlich, durch den Keller zu fahren. Man muss nur die Nerven behalten."

John Kenneth Galbraith

Panik entsteht als Reaktion auf den Eindruck, hilflos und verlassen zu sein. Ohne fremde Hilfe können sich viele Menschen aus bedrohlich empfundenen Situationen daher nicht mehr befreien. Solche Panik kann auch im Zusammenhang mit finanziellen Ereignissen entstehen, etwa bei einem Börsencrash oder, wie bei der Aufdeckung des Madoff-Betrugs, als sich zumindest einer seiner Investoren das Leben genommen, weil er keinen anderen Ausweg mehr gesehen hat.

Generell ist es so, dass Emotion und Kognition zwar getrennt arbeiten, aber miteinander in einer Beziehung und einer Wechselwirkung stehen. So kommt es, dass die Bewertung eines Reizes, der auch eine eingehende Börseninformation sein kann, bereits erfolgt, bevor die betreffende Person genau weiß, worum es sich handelt. Solche Unterscheidungen in gut oder schlecht sind in vielen Lebenssituationen sicherlich sehr hilfreich, nur nicht bei Geldfragen.

Unser Verhältnis zum Geld wird in der Kindheit geprägt – das Gedächtnissystem

Wir alle wissen, dass wir unser Leben als eine Aneinanderreihung großer und kleiner Erlebnisse beschreiben können. Welche davon besonders gut erinnert werden und welche für uns von besonderer Bedeutung sind, hängt davon ab, wie weit das jeweilige Ereignis mit besonders starken positiven, aber auch negativen Emotionen verknüpft ist.

Fakten allein spielen für das biografische Gedächtnis nie eine Rolle. Die Zahl der erinnerten Erlebnisse aus der Kindheit und Jugend ist besonders groß, weil vieles noch neu war und die damit verbundenen Emotionen außergewöhnlich stark waren. Diese Erfahrungen bestimmen im Prinzip die Richtung des gesamten Lebens.

Das Problem, das sich daher im Zusammenhang mit Geldfragen ergibt, ist, dass man als Kind und wahrscheinlich auch noch als Jugendlicher Geld überwiegend als Mittel zum Zweck erlebt hat. Außerdem ist es in vielen Familien ein Prinzip, nicht über Geld zu sprechen, unabhängig davon, ob man es hat oder nicht.

Die Erfahrungen, die Kinder und Jugendliche also in der Regel mit Geld sammeln, sind verhältnismäßig spärlich und bewegen sich oft genug nur zwischen den Polen, Geld zu sparen oder Geld auszugeben. Alle anderen Fragen werden in der für das spätere Leben so wichtigen Phase ausgespart oder allenfalls mehr oder weniger abstrakt in der Schule und in der Berufsausbildung abgehandelt.

Wenn wir dann davon ausgehen, dass die unsere Handlung bestimmenden Erwartungen auf Erinnerungen basieren und diese gerade im Hinblick auf Finanzfragen besonders spärlich sind, können wir sehr schnell zu dem Schluss kommen, dass auch das Repertoire an Verhaltensweisen in Geldfragen entsprechend gering ist.

> ### Kernsatz
> Unsere Einstellung zum Geld wird in unserem Elternhaus festgelegt.

Es liegt also hauptsächlich an den Eltern und ihrer Geldkompetenz, wie sich die Kinder als spätere Erwachsene verhalten werden. Wer nur sparen gelernt hat, wird sich später kaum als Investor betätigen. Und für wen Geldknappheit die prägende Erfahrung in Kindheit und Jugend war, der wird nur schwer in der Lage sein, diese Lebensperspektive jemals aufzugeben. Wer gelernt hat, dass ihm nichts zusteht, hat ebenfalls gelernt, nichts zu fordern.

Insofern können wir zu dem Schluss kommen, dass das Geldverhalten über Generationen hinweg vererbt wird und einer der Faktoren ist, die die soziale Situation von Menschen verfestigt. In der Regel bedarf es eines erheblichen Kraftaufwandes und einer erst in Jahrzehnten erworbenen Lebenserfahrung, um solche eigenen Verhaltensweisen bewusst zu reflektieren und, wenn überhaupt noch möglich, aufzubrechen.

Auch wenn die Erinnerungen im Gehirn ständig bearbeitet und neu bewertet werden, darf man die normative Kraft des Faktischen, also der Situation, speziell der finanzielle Situation, in der sich ein Mensch jeweils befindet, nicht unterschätzen. Das heißt, bestimmte Erinnerungen verändern sich nur, wenn diese Veränderungen mit der aktuellen Lebenssituation kompatibel.

Mit Hilfe des Belohnungs- und des Gedächtnissystems lässt sich auch erklären, weshalb gerade erfolgreiche Unternehmer an der Börse immer wieder große Verluste machen. Da sie gewohnt sind, Entscheidungen zu treffen, und die Erfahrungen gesammelt haben, dass es meist die richtigen waren, die Erfolg gebracht haben, tendieren sie dazu, sich selbst an der Börse zu überschätzen. Denn sie schließen aus den unternehmerischen Erfahrungen darauf, dass sie an der Börse genauso erfolgreich sein müssten.

Außerdem tendieren Unternehmensbesitzer dazu, die Unsicherheit ihrer Entscheidungen zu unterschätzen, weil sie nur auf die Höhe der Rendite achten und erwarten, dass die Kapitalanlage genau so hohe Renditen bringen müsste, wie sie es von ihrem Unternehmen gewöhnt sind.

Die Endkontrolle findet im Entscheidungssystem statt

Der präfrontale Cortex bildet den Kern des Entscheidungssystems. Er ist Teil des Frontallappens der Großhirnrinde, der bei uns Menschen etwa die Hälfte des Hirns in Anspruch nimmt. Hier laufen alle wichtigen Informationen zusammen.

Der präfrontale Cortex empfängt nicht nur die verarbeiteten sensorischen Signale, sondern wird auch über den aktuellen emotionalen Zustand informiert, wozu auch die Informationen aus dem Belohnungssystem gehören, dann wird alles mit den Gedächtnisinhalten verknüpft.

Der präfrontale Cortex kontrolliert die Entscheidungen und sorgt für eine der Situation angemessene Handlungssteuerung. Innerhalb eines Rückkoppelungsprozesses werden noch die Emotionen reguliert, die Beachtung sozialer Normen berücksichtigt sowie Strategien und Langzeitplanungen entwickelt.

Insofern hat das Entscheidungssystem zwar die Endkontrolle darüber, welche Absichten wir haben und wie wir uns verhalten, doch ohne die drei anderen Systeme wäre es praktisch hilflos, weil es nicht wüsste, was es wollen sollte, warum es etwas wollen sollte und wie es seine Ziele erreichen kann. Deshalb ist das Zusammenspiel aller vier Gehirnsysteme von so großer Bedeutung.

> *Kernsatz*
> Wir entscheiden nicht rational, weil nicht nur Normen, sondern auch Emotionen, Erfahrungen und Belohnungen dabei eine Rolle spielen.

Oft genug besteht die Funktion des Entscheidungssystems nur noch darin, die eingegangenen Botschaften der anderen Systeme zu koordinieren und mit vernünftigen Begründungen zu versehen. Das ist in Finanzfragen genauso der Fall wie in den meisten anderen Lebenslagen. Dabei wirkt das Entscheidungssystem nicht nur nach außen, sondern auch nach innen.

Es sorgt dann zum Beispiel dafür, dass wir einen zu hohen Preis für ein Produkt eher als schmerzlich empfinden und gute Gründe finden, darauf zu verzichten. Allerdings sollten wir berücksichtigen, dass die Gehirnsysteme untereinander ein recht komplexes Regelsystem darstellen. Gerade in Bezug auf Geldfragen stehen die Systeme in einem Wettbewerb, der nicht unbedingt immer vom rationalen Entscheidungssystem gewonnen wird.

Gier gegen Verlustangst

Brian Knutson hat mit Hilfe der funktionellen Magnetresonanztomografie untersucht, wie Menschen die Unsicherheit bei Geldentscheidungen einschätzen.

Die Probanden wurden aufgefordert, für 20 Dollar eine von drei Geldanlagen zu wählen, eine Anleihe, die sicher einen Dollar pro Runde Gewinn bringt, oder eine von zwei Aktien. Dabei bringt die eine Aktie mit hoher Wahrscheinlichkeit zehn Dollar Gewinn und mit niedriger Wahrscheinlichkeit zehn Dollar Verlust, bei der anderen ist es umgekehrt.

Die Versuchsteilnehmer erfahren nicht, welches die gute Aktie ist, dies sollen sie während der verschiedenen Spielrunden selbst herausfinden. Welches Investment sich auf Dauer lohnt, lässt sich erst nach einigen Runden abschätzen.

Die Strategie eines Homo oeconomicus sähe wie folgt aus: Man wählt zunächst die Anleihe, wartet so lange, bis man die Erfolg versprechende Aktie identifizieren kann und kauft danach nur noch diese, selbst wenn sie manchmal Verluste bringt. Das war aber nicht der Fall. Die Versuchsteilnehmer wechselten ständig ihre Strategie.

Wenn die Probanden die sichere Anleihe und nicht die gute Aktie wählten, wurde im Gehirn die anteriore Insula aktiviert, ein Areal, das auf Furcht und Verlustangst reagiert. Entschieden sich die Versuchsteilnehmer für den Kauf einer Aktie, ohne sie einschätzen zu können, wurde der Nucleus accumbens aktiviert, der, wie wir bereits wissen, das Belohnungssystem darstellt.

Aus diesen Ergebnissen schließt Knutson, dass bei Anlageentscheidungen im Gehirn des Menschen wahrscheinlich ein Kampf zweier Systeme stattfindet, Gewinnchancen gegen Verlustangst, oder man kann es auch Gier gegen Verlustangst nennen. Die Möglichkeit, Verluste zu erleiden, wird dabei stärker gewichtet als die Gewinnchancen.

Warum machen wir eigentlich Schulden?

Schulden sind ein fester Bestandteil unseres Wirtschafts- und Finanzsystems. Statistisch gesehen hat jeder deutsche Bürger private Schulden in Höhe von 8.078 Euro (Stand Ende 2007). Die 40 bis 44-Jährigen sind mit durchschnittlich 8.893 Euro am höchsten verschuldet, aber auch die 18 bis 19-Jährigen stehen schon mit 3.262 Euro pro Kopf in der Kreide.

Die durchschnittliche Ausfallquote von Konsumentenkrediten liegt nach Angaben der Schufa seit Jahren konstant bei 2,5 Prozent. Am höchsten ist sie bei den 25 bis 29-Jährigen mit 3,3 Prozent. Je älter die Konsumenten sind, desto größer ist die Wahrscheinlichkeit, dass sie ihre Kredite auch zurückzahlen.

2,8 Millionen privater Haushalte gelten als überschuldet. Von Überschuldung spricht man, wenn das laufende Einkommen über einen längeren Zeitraum trotz Reduzierung des Lebensstandards nicht ausreicht, um die Lebenshaltungskosten sowie fällige Raten und Rechnungen zu bezahlen.

Oft ist eine private Insolvenz der einzige Ausweg aus der Überschuldung. Im September 2008 registrierten die Gerichte erstmals seit mehreren Monaten wieder einen Anstieg der Insolvenzen von Verbrauchern auf 8.312 Fälle, das waren 5,7 Prozent mehr als im Vergleichsmonat des Vorjahres.

Überschuldung löst Existenzängste aus, Angst vor Gläubigern, Angst vor dem Verlust der Wohnung, Angst vor Stigmatisierung als Versager. Solche Ängste machen viele Menschen handlungsunfähig und einige sogar krank.

Weshalb bringen sich Menschen nun in eine solche unangenehme Situation? Wir wollen hier nicht über den notwendigen Einsatz von Fremdkapital in Unternehmen nachdenken und auch nicht über eine durch Immobilienbesitz hoffentlich gut abgesicherte Finanzierung einer Wohnung oder eines Hauses.

Hier geht es um Kredite, die den Konsum finanzieren sollen. Wahrscheinlich werden dem Leser dieses Buchs schon selbst eine ganze Reihe von Gründen einfallen, die in ihrer Summe letztendlich zur Überschuldung führen. Da ist zunächst einmal der Wunsch nach sofortigem Konsum. Man möchte den neuen Fernseher, den neuen PC oder auch nur das neue Handy sofort haben und nicht erst in einigen Monaten oder gar Jahren.

Man überschätzt die eigenen Fähigkeiten, schon bald mehr Geld verdienen zu können. Leider fällt einem der Unterschied zwischen Optimismus und Selbstüberschätzung beim eigenen Verhalten nur selten auf. Auch die Geldillusion, also die Verwechslung von nominal und real, spielt sicherlich eine Rolle, wenn die monatlichen Raten sehr klein aussehen, aber die Anzahl der Monate und Jahre, in denen sie zu zahlen sind, sich fast unendlich ausdehnen.

Natürlich ist auch in diesem Zusammenhang der Ankereffekt von großer Bedeutung. In einer Gesellschaft, in der alle, vom Staat bis zu großen Banken und Unternehmen, mit Schulden leben, fällt es viel leichter, selbst auch Schulden zu machen.

Nicht zuletzt spielt auch das Neuromarketing eine Rolle. Bei den Autohändlern steht der Gesamtpreis eines Fahrzeugs oft nur noch klein und versteckt in den Anzeigen, während die Monatsrate für eine Automobilfinanzierung oft genug zur zentralen Botschaft geworden ist.

Von einzelnen Menschen zu erwarten, dass sie in der Lage sind, sich gegen all diese Einflussfaktoren abzuschotten, ist unrealistisch. Besonders im Hinblick darauf, dass der Konsum gerade in Zeiten der Wirtschaftskrise als eines der wichtigen politischen und für die Volkswirtschaft notwendigen Ziele herausgestellt wird.

Zusammenfassung

Wahrscheinlich werden wir alle damit leben müssen, dass wir immer wieder die falschen Geldentscheidungen treffen. Wichtig ist vor allem, den Überblick nicht zu verlieren, doch das ist leichter gesagt als getan. Vielleicht sollten wir uns deshalb kleinere Ziele stecken und zunächst versuchen, statt der falschen die richtigen Prioritäten zu setzen.

Wir sollten uns für große Entscheidungen mehr Zeit nehmen und lieber bei kleinen Entscheidungen eine größere Fehlertoleranz zeigen. Dazu ist es wichtig, uns der vier Systeme im Kopf bewusst zu werden und jede große Entscheidung entsprechend aufzufächern.

Welche Bedeutung hat der Belohnungsaspekt, welche Gefühle spielen eine Rolle, woran erinnert mich die Situation und wie würde eine andere Person darüber denken, die ich als sehr rational und kühl entscheidend einschätze? Wenn wir uns unseren Geldentscheidungen auf diese Weise nähern, werden wir Fehler zwar nicht vermeiden können, aber immerhin ist so die Fehlerquote mit großer Wahrscheinlichkeit zu senken.

Beraten und verkauft

Was Sie in diesem Kapitel erwartet

Wir beschreiben, wie Neuromarketing funktioniert und betrachten die komplexen Bereiche des Finanzmarketings, der Finanzkommunikation und der Investor Relations, die alle dem Bereich der Neurofinance zuzuordnen sind. Wir sehen uns die Werbung der Finanzdienstleister unter Neurofinance-Gesichtspunkten an.

Schließlich zeigen wir, wie die Methoden der Finanzbranche die Erkenntnisse der Neurofinance nutzen, um so kurzfristige Gewinne zu erzielen, statt dem Verbraucher langfristigen Nutzen zu bringen.

Erwartungen wecken – wie Werbung funktioniert

Eingebettet in das Bonner Hirnforschungszentrum LIFE & BRAIN GmbH, das Anfang 2005 seinen wissenschaftlichen Betrieb aufgenommen hat, bringt die Forschungsgruppe NeuroImaging akademische und kommerzielle Forschung zusammen. Einer der Schwerpunkte dieser Forschungsgruppe liegt in den beiden Forschungsgebieten Neuroeconomics und Neuromarketing, die hier gleichrangig nebeneinander aufgestellt sind.

In anderen Forschungseinrichtungen ist Neuromarketing ebenso wie Neurofinance eine Untergliederung der Neuroeconomics. Da all diese Forschungsgebiete aber noch junge und rasant wachsende Arbeitsfelder sind, findet man immer wieder unterschiedliche Abgrenzungen. Am LIFE & BRAIN Institut beschäftigen sich die Neuroeconomics hauptsächlich mit dem Entscheidungsverhalten der Marktakteure, während das Neuromarketing Erkenntnisse über das Konsumentenverhalten und die Werbewirkung sammelt und auswertet.

In den heute meist schon gesättigten Märkten ist es für Unternehmen unabdingbar, ihre Produkte als die zentralen Wertschöpfungsfaktoren von denen anderer Unternehmen abzugrenzen und strategisch so zu positionieren, dass sie nicht nur einen praktischen, sondern auch emotionalen Nutzen versprechen. Wie das für einzelne Produkte oder auch ganze Produktgruppen realisiert werden kann, findet man in einer Vielzahl von Konzepten und Lösungsvorschlägen der klassischen Marketingforschung.

Den Konsumenten verstehen als erster Schritt

Um die eigene Marke im Bewusstsein einer Zielgruppe von Konsumenten zu verankern und den Wunsch zu wecken, dieses Produkt zu kaufen, zu besitzen und zu nutzen, ist es jedoch eigentlich unumgänglich, das Denken und Handeln des potenziellen Kunden zu verstehen. Warum kauft er ein bestimmtes Produkt, ein anderes aber nicht? Nach welchen Kriterien unterscheidet er die verschiedenen Marken und weshalb entscheidet er sich für eine ganz bestimmte? Welche Marken wecken in Zeiten des Informationsüberflusses überhaupt noch die

Aufmerksamkeit des Konsumenten? Und weshalb und auf welchem Wege gelangen diese in den Fokus und andere nicht?

Erst wenn der Konsument in seinem Denken und Handeln auf einer grundsätzlichen Ebene verstanden wird, kann man ihm die Produkte auf eine Weise anbieten, die tatsächlich sein Interesse weckt, und sich gegen die Vielzahl der Wettbewerbsprodukte durchsetzen.

Die Motive des Verbrauchers zu ergründen, ist schon seit langem das zentrale Thema der Marktforschung, die sich dazu nicht nur unterschiedlicher psychologischer Theorien bedient, sondern auch eine ganze Palette von Methoden einsetzt, deren Relevanz allerdings punktuell immer wieder bezweifelt wird.

Die Hauptkritikpunkte sind, dass häufig die falschen Fragen gestellt werden, die dann zu bestimmten und meist erwünschten Ergebnissen führen, und dass der Verbraucher überhaupt nicht in der Lage ist, durch Introspektion seine eigenen Motive wahrzunehmen und sie in Worte zu kleiden. Wenn wir davon ausgehen, dass das Unbewusste hauptsächlich mit Bildern arbeitet und nicht mit abstrakten Begriffen, so lässt sich gerade dieses Argument leicht nachvollziehen.

Das soll nicht heißen, dass die empirische Marktforschung bisher nicht zu verwertbaren Ergebnissen gekommen ist. Trotzdem wissen wir bislang nicht, was sich im Gehirn eines Konsumenten abspielt, wenn er eine bestimmte Werbung anschaut, und weshalb einige Marken besser erinnert werden als andere. Bei jedem Produkt, bei jeder Dienstleistung und natürlich auch bei jeder Werbung entsteht eine Interaktion zwischen dem Konsumenten und dem Objekt, die ausschließlich vom Gehirn geleistet wird. Hier können nun die Neurowissenschaften einen ganz essentiellen Beitrag leisten.

Zwar wurden bisher noch längst nicht sämtliche Geheimnisse des Gehirns gelüftet, doch die vorliegenden Erkenntnisse reichen, um grundlegende Aussagen zur Funktionsweise des Gehirns zu machen. Wir wissen heute deutlich besser als vor zehn Jahren darüber Bescheid, wie die Aufnahme von Informationen, die Einspeicherung im Gedächtnis und der Abruf von Informationen im Gehirn funktioniert.

Genau dies macht es dem Marketing in einem ersten Schritt möglich, Werbebotschaften, aber zum Beispiel auch Produktverpackungen so zu gestalten, dass sich die Marke im Gedächtnis des Konsumenten verankert und er sie in sein Verhaltensrepertoire aufnimmt.

Die zentralen Fragen des Neuromarketings, die interdisziplinär von Neurowissenschaftlern, Psychologen und Marktforschern ergründet werden, lauten: „Gibt es ein physiologisches Korrelat des Verhaltens und lassen sich aufgrund typischer Hirnreaktionen auf bestimmte Stimuli Aussagen über die hirngerechte Gestaltung von Werbung und Produkten treffen?"

Gesichter statt Logos

Zu den bisher vorliegenden Ergebnissen zählt zum Beispiel die Erkenntnis, dass Gesichter für emotions- und gedächtnisbezogene Hirnprozesse von größerer Bedeutung sind als so genannte Wort-Bild-Marken. Die Forschungsgruppe Neuromarketing am LIFE & BRAIN Institut in Bonn hat im Rahmen eines Fernsehbeitrags in einem Supermarkt folgenden Test durchgeführt:

Zunächst wurde eine Weinmarke mit einem Logo und Informationen über Herkunft und Qualität beworben. Das Interesse der Kunden war stärker als bei den anderen Angeboten des Supermarkts. Dann wurde die Werbung durch die Abbildung eines Gesichts ergänzt. Die Beachtung des Weinangebots verstärkte sich durch das Gesicht signifikant.

In der dritten Testphase wurde das unbekannte Gesicht durch das Bild einer Person ersetzt, die im Fernsehen eine gewisse Prominenz erlangt hat. Die Aufmerksamkeit der Kunden steigerte sich nochmals. Allerdings waren die Unterschiede zwischen dem unbekannten und dem prominenten Gesicht nicht so stark wie zwischen dem Logo und der Abbildung des unbekannten Gesichts.

Daraus könnte man folgern, dass die Werbung mit prominenten Köpfen mehr bringt als ein noch so raffinierter Schriftzug. Doch ganz so simpel funktioniert das Gehirn nicht.

Auch wenn Thomas Gottschalk und sein Bruder offensichtlich ein Erfolgsteam beim Börsengang der Postbank darstellten und Thomas Gottschalk allein schon fast zum Synonym für Gummibärchen geworden ist, bedeutet das noch lange nicht, dass andere Prominente mit ähnlich hohen Fernseheinschaltquoten für ein x-beliebiges anderes Produkt in vergleichbarer Weise erfolgreich wären. Hier bedarf es noch weiterer Forschungsarbeit, um herauszufinden, welche Rolle der Bekanntheitsfaktor an sich spielt und welche die der dargestellten Figur.

So müssen wir ganz klar zwischen Prominenz und Kompetenz unterscheiden. Prominenz reicht wahrscheinlich schon, um Aufmerksamkeit zu wecken, doch die kann man auch mit einem unbekannten Gesicht erzeugen. Bei der Kompetenz steht mit ziemlicher Sicherheit die in den Köpfen verankerte Rolle eines Darstellers eher im Zentrum. Wer einen Arzt spielt, kann glaubhafter Tipps zur Gesundheit geben, während man einem Fernsehkommissar wahrscheinlich eine größere Kompetenz bei Autos oder Geldanlagen zuspricht. Bei Kosmetika oder Haarprodukten fallen die dargestellten Charaktere einer Schauspielerin wiederum weniger ins Gewicht. Was aber wie genau wirkt, muss noch im Detail erarbeitet werden.

Insgesamt zeigt es sich, dass sich durch die Kombination von Marketing-Know-how und den aktuellsten Erkenntnissen der Hirnforschung immer wieder neue und faszinierende Perspektiven auf das Konsumentenverhalten ergeben. Allerdings steht diesen Erkenntnissen auch eine gewisse Angst entgegen, dass wir es vielleicht schon in naher Zukunft nur noch mit gläsernen Konsumenten zu tun haben könnten, die wie Roboter reagieren, wenn in ihrem Gehirn der richtige „Kaufknopf" gedrückt wird.

Im Gehirn gibt es keinen „Kaufknopf"

Doch die Verbraucherschützer können beruhigt sein. Das Neuromarketing kann zwar erklären, warum Bilder leichter gespeichert und abgerufen werden können als Worte, doch um einen „Kaufknopf" handelt es sich bei dieser Erkenntnis noch lange nicht. Insofern sind je nach Interessenlage die Vorstellungen und Erwartungen, was das Neuromarketing schon heute leisten kann, oft übertrieben.

Bei vielen Wirtschaftsunternehmen hat sich deshalb eine recht pragmatische Sichtweise durchgesetzt. Sie unterscheiden nämlich zwischen der Grundlagenforschung, die auf der methodischen und apparativen Basis von NeuroImaging beruht und die Wichtigkeit von sehr präzise und kleinteilig umschriebenen Annahmen überprüft, und dem anwendungsbezogenen Neuromarketing, das unter Einbeziehung der Erkenntnisse einer Vielzahl von wissenschaftlichen Disziplinen schon heute ein mentales Modell liefert, das für konkrete Entscheidungen im Bereich der Marketingkommunikation herangezogen werden kann.

Finanzmarketing schafft Bekanntheit und Vertrauen

Dies gilt auch für die komplexen Bereiche des Finanzmarketings, der Finanzkommunikation und der Investor Relations, die alle dem Bereich der Neurofinance zuzuordnen sind. Allerdings haben wir es hier, zumindest in Deutschland, mit einer gewissen Sprachverwirrung zu tun. Mit Finanzmarketing bezeichnet man in der Regel alle Aktivitäten von Finanzdienstleistern in Richtung der Zielgruppe Konsumenten, also die Werbung für Bank- und Versicherungsprodukte oder Dienstleistungen.

Grundsätzlich sah das Finanzmarketing in der Vergangenheit so aus, dass man einerseits versuchte, die Bekanntheit der eigenen Marke zu steigern und sie von anderen Marken unterscheidbar zu machen. Bekannt sind wahrscheinlich noch die Werbeauftritte der Dresdner Bank, die das „grüne Band der Sympathie" knüpfte, und die der Deutschen Bank, bei der das Vertrauen in den Mittelpunkt gestellt wurde.

Auch die Testimonial-Werbung, die auf Bekanntheit und Vertrauenswürdigkeit setzte, wie zum Beispiel mit dem Basketball-Star Dirk Nowitzki für die Direktbank ING-Diba, dürfte in das klassische Finanzmarketing-Spektrum fallen. Inzwischen hat sich allerdings die differenzierte Nutzung verschiedener Kanäle auch im Finanzbereich durchgesetzt. Von den klassischen Medien mit Anzeigen in Zeitungen und Zeitschriften, über die Rundfunk- und Fernsehwerbung, bis hin zum Internet und dem viralen Empfehlungsmarketing wird alles genutzt.

Dabei hat sich zwischen 2005 und 2007 die Höhe der Werbeausgaben für Online-Marketing der Finanzdienstleister auf rund 117,7 Millionen Euro nahezu verdoppelt. Insgesamt stiegen die Werbeausgaben der Finanzdienstleister in dieser Zeit von 5,1 auf 8,0 Prozent des Umsatzes.

Ob sich dieser Trend allerdings im Rahmen der Finanz- und Wirtschaftskrise fortsetzen wird, erscheint zunächst zweifelhaft. Aber man darf auch die klassischen Werberegeln nicht vergessen, nach denen man gerade in schwierigen Zeiten mehr für Kommunikationsmaßnahmen investieren muss als in guten Zeiten, wenn das Geld gewöhnlich lockerer sitzt.

Zielgruppe Financial Community

Vom Finanzmarketing zu unterscheiden ist die so genannte Finanzkommunikation, die als Zielgruppe nicht den Endverbraucher hat, sondern die so genannte Financial Community. Hier informieren Unternehmen Fachleute, die sie beurteilen, wie zum Beispiel Finanzanalysten, aber auch die Wirtschaftspresse und die so genannten Opinion Leader. Bei der Finanzkommunikation geht es darum, das eigene Unternehmen in ein möglichst günstiges Licht zu rücken und es ihm so zu erleichtern, Kredite, aber auch andere staatliche Fördermittel zu erhalten, oder um Unternehmensübernahmen oder Unternehmenszusammenschlüsse zu erleichtern.

Investoren motivieren und halten

Der dritte Bereich, die Investor Relations, richtet sich, wie der Name schon sagt, an die Investoren, also an die vorhandenen und potenziellen Aktionäre sowohl im institutionellen als auch im privaten Bereich. Die Investor Relations spielen besonders im Zusammenhang mit Börsengängen eine ganz herausragende Rolle.

Allerdings gelten in allen drei Bereichen, also dem Finanzmarketing, der Finanzkommunikation und den Investor Relations, dieselben grundsätzlichen Erkenntnisse des Neuromarketings. Schließlich sind auch die Entscheider in Institutionen Menschen, deren Gehirne in den Grundprinzipien nicht allein deshalb anders funktionieren, weil sie über Millionen Euro entscheiden und nicht nur darüber, ob sie sich den einen Schokoriegel oder den anderen kaufen wollen.

Banken haben eine Schlüsselfunktion

Wenn wir uns jetzt das Verhalten des durchschnittlichen „Herrn Mustermann" in Geldfragen unter den Gesichtspunkten des Neuromarketings anschauen, kommen wir zu einigen recht interessanten Erkenntnissen, die die bisher dargestellten Ergebnisse der Neurofinance bestätigen.

Filialbanken und Sparkassen haben beim Verkauf von Finanzprodukten immer noch eine uneinholbare Spitzenposition. Das bestätigt unter anderem auch die Grundlagenstudie zum Thema Investmentfonds des BVI Bundesverband Investment und Asset Management.

So wurden im Jahr 2007 rund 72 Prozent der Investmentfonds über diese Schiene und nur rund 14 Prozent über Direktbanken vertrieben. Trotzdem scheinen die Grenzen zwischen den klassischen Filialbanken, den Sparkassen, den Volks- und Raiffeisenbanken und den Direktbanken immer mehr zu verschwimmen. Während die einen ihr Online-Angebot immer mehr ausbauen, bieten die anderen, nämlich die Direktbanken, immer beratungsintensivere Dienstleistungen an.

Das größte Vertrauen genießen dabei immer noch die Sparkassen, gefolgt von den Genossenschaftsbanken und den Universalbanken. Ganz offensichtlich spielen hier tradierte Verhaltensweisen, die teilweise schon von Kindesbeinen an erlernt wurden, eine große Rolle.

Noch vor zehn Jahren hielten große Universalbanken das Geschäft mit dem durchschnittlichen Privatkunden für unrentabel und gliederten es zum Teil in Tochtergesellschaften aus, die sich in erster Linie durch einen geringeren Service auszeichneten. Heute sieht man gerade im Zeichen der Finanzkrise in diesen einst geschmähten Kunden wieder dauerhaft solide Renditebringer, die man sich nun gegenseitig abzujagen versucht.

Dies geschieht meist in der Weise, dass Neukunden ein attraktiv verzinstes Tagesgeldkonto angeboten wird. Auch wenn die Bank ein paar

Monate lang bei den Zinsen draufzahlt, hofft sie doch, den Kunden halten zu können und noch ein paar weitere Finanzprodukte wie zum Beispiel Riester- oder Bausparverträge an den Mann beziehungsweise die Frau bringen zu können.

Entsprechend ist die Werbung vieler Finanzinstitute hauptsächlich durch Prozentzeichen dominiert. Sie sprechen ganz direkt das Belohnungssystem an. So wie Prozentzeichen, Sonderpreise und Rabatte im Supermarkt einen Preisnachlass signalisieren, versprechen diese Prozentzahlen in den Anzeigen der Banken einen zusätzlichen Gewinn. Dass dieser an ganz bestimmte Bedingungen geknüpft ist und nach ein paar Monaten wieder zurückgenommen wird, erfährt man nur im Kleingedruckten.

Doch die Kunden haben ganz offensichtlich dazugelernt. Auch was Finanzprodukte angeht, betreiben viele Bankkunden schon „Rosinenpickerei". Während es früher selbst bei gut verdienenden Angestellten üblich war, nur ein oder zwei Bankverbindungen zu haben und auch bei Selbstständigen kaum mehr als drei bestanden, so geht heute die Tendenz auch bei durchschnittlich wohlhabenden Normalverdienern dahin, sich immer mehr Konten zuzulegen.

Früher galten bei Privatleuten mehrere Bankverbindungen für Wirtschaftsauskunfteien zumindest als ein Risikosignal und wurden von den Banken, die sich über ihre Kunden informierten, auch stets so interpretiert. Doch die Zeiten sind vorbei. Offensichtlich funktioniert das Wertesystem der Bankkunden heute anders. Kontinuität wird nicht mehr so hoch geschätzt wie kurzfristige Vorteile. Das Belohnungs- und das Entscheidungssystem haben offensichtlich zu einem neuen Verhaltensmuster geführt.

Der BVI hat festgestellt, dass Investmentfondsbesitzer im Durchschnitt 3,1 Bankverbindungen haben, während es beim Bundesdurchschnitt aller Haushalte nur 2,2 Verbindungen sind. 34 Prozent der Investmentfondsbesitzer verfügen über vier und mehr Bankverbindungen und 26 Prozent immerhin noch über drei. Im Bundesdurchschnitt haben nur 16 Prozent aller Haushalte vier und mehr Bankverbindungen und nur 18 Prozent drei, während 31 Prozent zwei Bankverbindungen haben und 36 Prozent nur eine.

Ganz offensichtlich besteht noch ein ganz erhebliches Potenzial, Herrn Mustermann als neuen Kunden zu gewinnen, allerdings nur unter der Voraussetzung, dass man bereit ist, ihn mit Wettbewerbern zu teilen.

Nach den Erkenntnissen des Neuromarketings muss man einem neuen Kunden aber zunächst einmal klar machen, wofür die eigene Marke steht. Er muss also erkennen, was zum Beispiel mit einer Anzeige gemeint ist und wofür sie steht. Vor diesem ersten Schritt muss sowohl das Gedächtnissystem als auch das emotionale System aktiviert werden.

In den TV-Spots mancher Finanzdienstleister versuchte man es dadurch, dass man entweder an die Symbole der Kindheit anknüpfte, etwa indem ein nasses Schaf ins Trockene gebracht wurde, oder auch indem man an die Jugendwünsche einer älteren Kundschaft anknüpfte. Wer sein Geld auf die richtige Weise anlegt, kann sich dann endlich den Sportwagen, das Motorrad oder die Reisen leisten, die ihn in seinen Gedanken schon seit Jahren oder Jahrzehnten bewegten.

Doch in den meisten Fällen ist die Werbung für Finanzdienstleistungen längst nicht so fantasievoll. Wenn ein älterer Mann in legerer Freizeitkleidung vor einem großen Firmenlogo steht und die Frage stellt, „Welche Bank hilft mir heute bei Fragen zum Thema Kredit?", dürfte weder das Gedächtnissystem noch das emotionale System besonders stark mobilisiert werden.

Lautet dann die Antwort „Nur ein starker Partner kann auch in schwierigen Zeiten ein guter Ratgeber sein", so werden zwar viele Leser dieser Anzeige automatisch das Wort Ratgeber durch Geldgeber ersetzen, denn schließlich möchte man bei einem Kredit nicht nur einen Rat, sondern auch konkret Geld auf die Hand bekommen, doch ob das Belohnungssystem bei dieser Botschaft aktiv wird, erscheint zumindest fraglich. Da sind Prozentzahlen schon deutlich wirksamer, zumindest solange sie nicht irgendwo in einem Text versteckt werden.

In dem Slogan der Sparkassen Finanzgruppe „Vertrauen ist gut. Sparkasse ist besser" wird zumindest die Bedeutung der Botschaft deutlich. Allerdings müssen viele Sparkassen damit rechnen, dass ihnen das Gedächtnissystem ihrer Kunden einen deutlichen Strich durch die Rechnung machen wird. Mit großer Sicherheit wurde den Sparkassen in der Vergangenheit ein großes Vertrauen entgegen gebracht, doch dummerweise wurde dieses Vertrauen auch häufig missbraucht, so dass die Kunden in manchen Städten gleich scharenweise zu konkurrierenden Banken abgewandert sind.

Wer einmal das Vertrauen verspielt hat, indem er die Unkenntnis oder auch Angst seiner Kunden ausgenutzt hat, wird es zumindest mit Anzeigen nicht wiedergewinnen können. Das Wort Vertrauen gibt dem einmal enttäuschten Kunden keineswegs die Sicherheit zurück, sondern wirkt im Gehirn eher wie ein Alarmsignal.

Die comdirect bank wirbt nicht nur mit Anzeigen, die als Schlüsselsignale Prozentzahlen, Abbildungen eines Euros und ein Portemonnaie mit den von der Bank ausgegebenen Kreditkarten zeigt, sondern auch mit Anzeigen, die wie eine redaktionell gestaltete Seite des Trägermediums aussehen. Damit ist ganz offensichtlich die Erwartung verbunden, eine höhere Aufmerksamkeit und Akzeptanz beim Leser zu finden, der vielleicht im ersten Augenblick tatsächlich glaubt, einen redaktionellen Beitrag zu lesen und das kleine Wort „Anzeige" zunächst übersehen hat.

Tatsächlich ist es so, dass eine ganz bestimmte Zielgruppe, nämlich die Kleinaktionäre, sich mit Abstand am stärksten über die Medien informiert. Eine Studie des Deutschen Aktieninstituts (DAI) hat gezeigt, dass drei Viertel von insgesamt 470.000 befragten Privatanlegern ihre Informationen aus Zeitungen, Zeitschriften, Fernsehen oder Online-Medien beziehen und nur 40 Prozent ihrem Bankberater zuhören.

Dieses Ergebnis weicht ganz erheblich von dem der BVI-Studie ab, die nämlich feststellte, dass 79 Prozent der Investmentfondsbesitzer sich von Mitarbeitern der Banken oder Sparkassen beraten lassen und dass dies sogar 82 Prozent der Nicht-Investmentfondsbesitzer tun. Ganz offensichtlich ist die Meinung Dritter bei einer Geldentscheidung von außerordentlich großer Bedeutung, wie es auch schon in der Prospect Theorie festgestellt wurde.

Verschiedene neuroökonomische Experimente haben ebenfalls nachgewiesen, dass indirekte Prozesse die Wahrnehmung beeinflussen, das heißt, allein aufgrund einer positiven Vorabinformation baut sich Vertrauen auf, selbst wenn die Quelle dieser Vorabinformation im Prinzip irrelevant ist.

Erstaunlicherweise schlägt die Beratung von Freunden, Verwandten, Bekannten oder Kollegen bei Investmentfondsbesitzern nur mit sechs Prozent zu Buche und bei Nicht-Investmentfondsbesitzern mit zwölf Prozent. Dass diese Zahlen außergewöhnlich niedrig sind, mag damit zusammenhängen, dass man mit Menschen aus seiner näheren Umgebung nicht über Geldfragen spricht und sie daher auch nicht zu Rate zieht, weil das ja vielleicht zu einer Offenlegung der eigenen finanziellen Situation führen könnte.

Offensichtlich gibt es auch einen ganz erheblichen Unterschied im Informationsverhalten von professionellen Anlegern im Vergleich zu Kleinaktionären. Während die Profis fast alle die Gewinn- und Verlustrechnung im Anhang eines Geschäftsberichts intensiv analysieren, verzichten die Kleinanleger weitgehend darauf. Nur 27 Prozent nutzen diesen Teil des Geschäftsberichts als Informationsquelle.

Ob professionelle Anleger dadurch allerdings zu qualitativ besseren Entscheidungen kommen, ließ sich den Studien nicht entnehmen. Allerdings untermauerten sie die Bereitschaft der Privatinvestoren, sich eher für emotional gefärbte oder eher meinungsorientiert gehaltene Informationen zu öffnen, als allein auf die Fakten zu schauen.

Gerade Investmentfonds legten in ihrer Werbung großen Wert auf das Thema Sicherheit. Allerdings erscheint zweifelhaft, ob dies durch das Bild eines Pollers auf einem Bootssteg, an dem ein Segelschiff mit einer knapp bekleideten Schönheit liegt oder durch das Bild zweier Menschen mittleren Alters, von denen der eine, nämlich eine Frau, einen Post-it-Aufkleber auf der Stirn trägt mit der Botschaft „Ich-möchte-ernst-genommen-werden-Typ" erreicht wird. Auch das Bild eines Paars in einem offenen Cabrio in einer verschneiten Landschaft, das gemeinsam in die Sterne schaut, soll das Thema Sicherheit repräsentieren.

Ob das Ziel mit diesen drei Motiven erreicht wird, müsste wahrscheinlich mit Hilfe bildgebender Verfahren genauer untersucht werden. Die Botschaft von Union Invest „Glück wird in Augenblicken gemessen. Sicherheit in Jahren" mag sicherlich der realen Wahrnehmung des

Anlegers entsprechen. Da er jetzt aber vor die Wahl gestellt wird, zwischen Glück und Sicherheit zu entscheiden, kann es durchaus sein, dass er dem Glück den Vorrang gibt, insbesondere wenn man sich vor Augen führt, dass 87 Prozent der Investmentfondsbesitzer mit ihren Geldanlagen keinen konkreten Verwendungszweck verfolgen. Auf jeden Fall ist das Belohnungssystem mehr am kurzfristigen Glück interessiert als an einer ungewissen und weitgehend im Dunkeln liegenden Zukunft.

Die Dresdner Bank firmiert immer noch als die Beraterbank. Insofern ist es nur konsequent, dass sie die Leser ihrer Anzeigen auffordert, sich jetzt beraten zu lassen. Schauen wir uns allerdings in den nachfolgenden Kapiteln an, wie es um die Qualität der Beratung in Geldfragen aussieht, kommt man zu dem Eindruck, dass zwischen Realität und Wahrnehmung eine erhebliche Diskrepanz besteht.

Laut BVI-Studie ist es so, dass sich 66 Prozent aller Investmentfondsbesitzer nach dem Kauf von Fondsanteilen sehr gut oder zumindest gut informiert fühlten. Man kann dies natürlich auch auf die bereits im Rahmen der Verhaltensökonomie festgestellten Effekte zurückführen, dass man eine einmal eingenommene Position nur höchst ungern wieder aufgibt.

Fehlerhafte Tipps von Finanzberatern sind die Regel

Den Deutschen entsteht durch fehlerhafte Tipps von Finanzberatern ein jährlicher Schaden von 20 bis 30 Milliarden Euro, ergab eine Ende 2008 veröffentlichte Studie, die die Beratungsfirma Evers & Jung im Auftrag des Bundesverbraucherschutzministeriums erstellt hat. Fehlerhafte Tipps von Anlageberatern sind keine Ausnahme, sondern die Regel, stellte Ministerin Ilse Aigner fest.

50 bis 80 Prozent der langfristigen Geldanlagen werden vorzeitig und mit Verlust abgebrochen. Da die Fehlberatung über lange Zeit nicht auffällt und häufig sogar unbemerkt bleibt, werden die Finanzvermittler auch nicht gezwungen, ihre Beratungsleistung zu verbessern.

Bei diesem Problem kommen gleich mehrere Faktoren zum Tragen. Zunächst einmal ist das die Zeitpräferenz, die wir an anderer Stelle schon ausführlich beschrieben haben. Auch wenn sich ein Mensch statt für eine kurzfristige Belohnung für eine langfristige und somit auch größere entschieden hat, was ja, wie wir wissen, eine erhebliche Überwindung bedeutet, kann es dennoch bis zum Eintritt dieser größeren Belohnung zu einem Meinungsumschwung kommen.

In der Regel werden dafür rationale und damit für andere akzeptable Argumente vorgebracht, zum Beispiel ein unaufschiebbarer größerer aktueller Geldbedarf. Das kann tatsächlich so sein, muss es aber nicht. Viel wahrscheinlicher ist, dass sich die im Zusammenhang mit der Entscheidung zugrunde gelegten emotionalen Komponenten, der Referenzrahmen und die Erwartungen geändert haben.

Dieser Aspekt einer zukünftigen Verhaltensänderung wird von Personen, die ihr Geld anlegen möchten, in dem Moment, in dem sie die Entscheidung treffen, meist vollkommen ausgeblendet. Denn das würde nicht zum Bild einer konsistenten Entscheidung passen.

Dass Finanzvermittler ihre Kunden nicht speziell auf ein solches Problem hinweisen, ist verständlich, denn es würde in vielen Fällen dazu führen, dass Verträge wahrscheinlich gar nicht erst oder in viel geringerer Zahl unterzeichnet werden.

Aber wir haben es im Zusammenhang mit Verträgen über langfristige Geldanlagen noch mit einer ganzen Reihe anderer Wahrnehmungsverzerrungen zu tun. Natürlich spielt Vertrauen in den Berater eine ebenso große Rolle wie die Selbstüberschätzung und die Unfähigkeit, eine große Entscheidung mit der notwendigen Liebe zum Detail zu prüfen.

Viele Finanzvermittler legen auch Wert darauf, ihre Kunden nicht in ihrem eigenen Büro, sondern beim Kunden zu Hause zu beraten. Das ist weniger ein entgegenkommender Service, um dem Kunden unnötige Wege abzunehmen, sondern dient in der Regel dazu, ihm eine größere Sicherheit zu geben und den Effekt des Home Bias zu nutzen.

Das Hauptproblem ist jedoch das Vergütungssystem der Branche. Der Berater ist nicht an einer langfristig orientierten Kundenbeziehung interessiert, sondern an der Höhe der Provisionen, die er für den Abschluss von Versicherungsverträgen oder für den Verkauf von Fondsanteilen und anderen Finanzprodukten erhält. Die Folge ist, dass die Beratung seines Kunden nicht ergebnisoffen ist, sondern dass er diejenigen Produkte verkauft, die ihm die höchste Provision bringen.

Banken und Versicherungen sind offensichtlich der Auffassung, dass sie ihre Mitarbeiter ausschließlich über Provisionen motivieren können, auch wenn dies zum Nachteil der Kunden ist. Diese Auffassung zieht aber nicht in Betracht, dass das Belohnungssystem auch in den Köpfen der Mitarbeiter funktioniert. Eventuell sind Produkte, die dem Berater hohe Provisionen bringen, für die Banken oder Versicherungen im Zeitablauf gesehen weniger profitabel als Produkte mit geringen Provisionen.

Allein für Versicherungen geben die Deutschen jährlich 20 Milliarden Euro zu viel aus, schätzen die Verfasser der Studie. Viele Verbraucher sind falsch versichert. Jeder Haushalt kann durchschnittlich 400 Euro pro Jahr sparen, wenn er sich auf die wirklich notwendigen Policen beschränkt. Statt sich nur für existenzbedrohende Versicherungsfälle abzusichern, schließen die Deutschen auf Anraten des Vermittlers häufig Policen über Kleinrisiken ab, die sich in keiner Weise für sie rechnen.

Hier spielen wieder falsche Prioritäten eine Rolle. Die Reisegepäckversicherung für den nächsten Urlaub erscheint vielen Verbrauchern wichtiger, als sich über die Höhe ihrer Altersrente Gedanken zu machen. Gerade bei Versicherungen spielt die Angst vor Verlusten eine größere Rolle als die Chance, mit anderen Formen der Geldanlage Gewinne zu erwirtschaften, die mögliche, aber unwahrscheinliche Verluste weit besser kompensieren würden.

Natürlich wird im Zusammenhang mit Versicherungen auch das Prinzip der Reziprozität angewendet. Das heißt, dem Versicherten werden Rückzahlungen bei Nichtinanspruchnahme von Versicherungsleistungen in Aussicht gestellt, die ihn wiederum dazu veranlassen, umfangreichere Versicherungen abzuschließen.

Auch die oben genannte Studie hat den Deutschen wieder ein unzureichendes Interesse am Thema Geldanlage attestiert. Da viele von ihnen nicht in der Lage sind, die Reichweite ihrer finanziellen Entscheidungen zu erfassen und zu bewerten, überlassen sie oftmals dem Berater diese Entscheidung.

Doch diese missbrauchen allzu häufig das ihnen von den Anlegern entgegengebrachte Vertrauen. Zum Beispiel werden immer wieder völlig ungeeignete Finanzprodukte als angeblich sichere Altersvorsorge verkauft, die wegen der hohen Provisionen einzig und allein der Altersvorsorge des Beraters dienen.

Nur im trüben Teich fängt man Fische

„Nur im trüben Teich fängt man Fische", sagt Jörg Asmussen, Staatssekretär im Bundesfinanzministerium. Er meinte damit die Geschäftspraktiken der Banken. Ihre Finanzprodukte werden immer komplexer und damit für den Laien immer unverständlicher. Und je unverständlicher die Finanzprodukte, desto mehr Gebühren lassen sich verstecken, desto mehr bleibt bei der Bank hängen. Beispiele dafür gibt es genug.

So werden bei Aktienfonds die Kosten gern in Einzelpositionen zersplittert und auf mehrere Seiten verteilt im Verkaufsprospekt oder Rechenschaftsbericht aufgeführt, so dass der Anleger nahezu zwangsläufig den Überblick verliert.

Oder Kunden werden damit geködert, dass sie „nur" drei Prozent statt fünf Prozent der Anlagesumme als einmaligen Ausgabeaufschlag zahlen müssen. Auf diese Weise wird davon abgelenkt, dass die laufenden Kosten des Fonds für den Anleger entscheidend sind. Hier wiederum kommt es vor, dass die geforderte Verwaltungsvergütung relativ niedrig ist, aber zusätzlich eine Betreuungsgebühr verlangt wird.

Käufer von Anteilen an Dachfonds werden von den Beratern oftmals im Unklaren darüber gelassen, dass sie nicht nur den Manager des Dachfonds bezahlen müssen, sondern auch die Manager der verschiedenen Zielfonds. Hat der Kunde seiner Bank ein Vermögensverwaltungsmandat erteilt und investiert diese in Dachfonds, muss der Anleger sogar eine dreifache Gebühr zahlen.

Wenn ein Fondsmanager vom Anleger eine Gewinnbeteiligung, auch Performance-Fee genannt, für den Fall verlangt, dass sich sein Fonds besser entwickelt als ein Vergleichsindex, willigt der Kunde in der Regel ohne Nachfrage ein. Denn er ahnt nicht, dass durch die Wahl eines bestimmten Vergleichsindexes die Performance des Fonds von vornherein als positiv dargestellt werden kann.

Unkenntnis und Selbstüberschätzung sind offensichtlich zwei Seiten derselben Medaille. Doch es ist schwer, Menschen aus dieser Falle zu befreien. Solange Angst, Gier und Vertrauen aufseiten der Konsumenten zu den festen Verbündeten der Verkäufer gehören, wird sich nur wenig ändern.

Zusammenfassung

Das Neuromarketing versucht das Denken und Handeln des potenziellen Kunden zu verstehen. Durch die Kombination von Marketing-Know-how und den aktuellsten Erkenntnissen der Hirnforschung haben sich neue und faszinierende Perspektiven auf das Konsumentenverhalten ergeben. Einen „Kaufknopf" hat man aber im Gehirn noch nicht gefunden.

Das Finanzmarketing nutzt heute die verschiedensten Kanäle, um Bekanntheit und Vertrauen zu schaffen. Finanzkommunikation hat als Zielgruppe nicht den Endverbraucher, sondern die so genannte Financial Community. Hier geht es darum, das eigene Unternehmen in ein möglichst günstiges Licht zu rücken. Der Bereich der Investor Relations richtet sich an die Investoren, also an die vorhandenen und potenziellen institutionellen und privaten Aktionäre.

Wenn es um Geldangelegenheiten geht, genießen immer noch die Sparkassen das größte Vertrauen der privaten Kunden, gefolgt von den Genossenschaftsbanken und den Universalbanken. In der Werbung der Finanzinstitute spielen die Themen Vertrauen und Sicherheit eine große Rolle, aber auch „Sonderangebote" für die Geldanlage.

Der Aspekt einer möglichen zukünftigen Verhaltensänderung wird von Anlegern in dem Moment der Entscheidungsfindung meist vollkommen ausgeblendet. Deshalb wird eine hohe Anzahl von langfristigen Geldanlagen vorzeitig abgebrochen.

Vertrauen in den Berater, Selbstüberschätzung und die Unfähigkeit, eine große Entscheidung mit der notwendigen Liebe zum Detail zu prüfen, aufseiten der Kunden eröffnen dem Berater die Chancen für fehlerhafte Beratung. Beim Abschluss von Versicherungsverträgen spielen falsche Prioritäten und kurzfristiges Denken die Hauptrolle für Fehlentscheidungen.

Da der Berater in erster Linie an der Höhe seiner Provisionen interessiert ist, missbraucht dieser allzu häufig das ihm vom Anleger entgegengebrachte Vertrauen. Er empfiehlt diejenigen Anlageformen, die die beste Provision bringen, unabhängig von den Wünschen und Bedürfnissen der Kunden.

Die eigenen Kontrollmöglichkeiten aktivieren und nutzen

Was Sie in diesem Kapitel erwartet

Wir werfen einen Blick auf die zentralen Bestimmungsfaktoren für die richtige Geldanlage. Wir prüfen einige gängige Börsenregeln aus der Sicht der Neurofinance und stellen dann die „sechs neuen Regeln der Neurofinance für den Umgang mit Geld" vor, die nicht nur für Börsengeschäfte, sondern allgemein gültig sind.

Die zentralen Bestimmungsfaktoren – Langfristigkeit und das wirtschaftliche Umfeld

Für die richtige Kapitalanlage spielen Langfristigkeit und das gesamtwirtschaftliche Umfeld eine größere Rolle als Kurzfristigkeit und die Entwicklung der Aktien einzelner Unternehmen. Wie wir wissen, widerspricht das eine dem Wunsch nach schneller Belohnung und das andere der Einzelwahrnehmung. Generell ist der Mensch nun einmal geneigt, situativ und das heißt immer kurzfristig zu handeln und sich lieber auf Details zu konzentrieren als auf das große Gesamtbild.

Grundsätzlich sind es aber die großen Trends, die die Entwicklung einzelner Wirtschaftsbranchen bestimmen und damit auch die der zu diesen Branchen gehörenden Unternehmen. Zwischen den einzelnen Unternehmen mag es zwar auch kurzfristig unterschiedliche Entwicklungen, abhängig von den Führungskräften und der Unternehmensstrategie, geben, doch diese passen sich nach einer gewissen Zeit immer wieder aneinander an, wie wir aus Erfahrung wissen.

Auch wenn es zum Beispiel der Automobilindustrie im Jahr 2009 schlecht geht, wird dies nichts am weltweiten Wunsch der Menschen nach Mobilität ändern. Es kommt nur darauf an, diesen Wunsch mit neuen, akzeptablen Konzepten entsprechend zu befriedigen, um einen erneuten wirtschaftlichen Erfolg herbeiführen zu können.

Es ist also überflüssig, herausfinden zu wollen, welches Unternehmen sich in den kommenden Monaten besser entwickelt, weil aus solchen Vorhersagen kaum rationale Modelle für die Zukunft abzuleiten sind. Auch Vorhersagen, die im rationalen Gewand daherkommen, beruhen dann eher auf Gefühlen, denen man nur das Mäntelchen der Vernunft umgelegt hat. Wichtig ist, wo die Branche in zehn Jahren steht. Wird es dann noch Autos geben oder nicht?

Die Bereitschaft, eine Außenseiterposition einzunehmen

Jede Prognose an der Börse führt lediglich dann zu Gewinnen, wenn nur eine Minorität dieser Prognose folgt. Wenn alle eine identische Ansicht über zukünftige Entwicklungen haben, wird sich dies auch in den Aktienkursen niederschlagen und große Gewinnerwartungen zunichte machen.

Zitat:
„Wenn sich alle Experten einig sind, ist Vorsicht geboten."

Bertrand Russell

Es reicht also nicht nur, Branchenentwicklungen langfristig zu beobachten, sondern man muss auch noch die Bereitschaft mitbringen, eine Außenseiterposition einzunehmen, um überproportionale Gewinne realisieren zu können. Wenn es allerdings nur um Sicherheit geht, kann man auch mit der Herde laufen.

Als Außenseiter muss man auf jeden Fall seine Entscheidungen unter Unsicherheit treffen, und man muss gelernt haben, mit seiner Verlustangst umgehen zu können. Beides ist nur aufgrund von Erfahrungen möglich, die allerdings derart sein müssen, dass sie nicht zur Selbstüberschätzung führen und irrationale Kriterien ausschließen.

Die sechs neuen Regeln der Neurofinance für den Umgang mit Geld

Es gibt gerade im Zusammenhang mit der Börse eine ganze Reihe von Regeln, die alle rationales Verhalten fordern. Doch unter Neurofinance-Gesichtspunkten sind die meisten von ihnen nicht umzusetzen, weil sie nicht dem entsprechen, was in unseren Gehirnen vorgeht. Wenn wir uns jetzt einige dieser Regeln anschauen, werden wir ganz schnell feststellen, wo die Denkfehler liegen.

Eine der Grundforderungen für den Erfolg an der Börse lautet, objektiv zu bleiben, Chancen und Risiken rational abzuwägen und die eigenen Gefühle auszublenden. Wie soll das geschehen? Wie wir inzwischen wissen, konsultiert das Entscheidungssystem, wenn es aktiv wird, sowohl das emotionale System, das Belohnungs- und das Gedächtnissystem.

Die meisten unserer Emotionen sind uns aber gar nicht bewusst. Wie sollen wir dann etwas ausblenden, was wir nicht kennen? Besser wäre es, zu versuchen, die Emotionen ins Bewusstsein zu heben, um sie zu analysieren und sie dann vielleicht sogar kontrollieren zu können. Das ist etwas ganz anderes, als sie auszublenden.

Rational zu bleiben und Chancen und Risiken nüchtern abzuwägen, würde bedeuten, die eigenen Erfahrungen außen vor zu lassen. Ohne diese wüssten wir aber gar nicht, welche Gegebenheiten überhaupt mit Chancen oder Risiken behaftet sind. Beide unterliegen einer höchst subjektiven Wahrnehmung. Was dem einen als Risiko erscheint, ist für den nächsten eine Chance, und umgekehrt.

Wenn es hier eine höhere Warte gäbe, die für alles gleich verbindlich ist, gäbe es keine Börse und damit auch keinen Aktienhandel. Nur Computer „denken" alle gleich und haben damit schon so manche Turbulenz an der Börse verursacht. Wenn wir alle dieselbe Meinung über Risiken hätten, würde sich niemand zum Kauf entscheiden, und wenn alle dieselbe Meinung über Chancen hätten, würde niemand mehr verkaufen.

Eine weitere Börsenregel lautet, dass niemand zutreffende Prognosen erstellen kann. Diese Regel steht schon mit einer anderen im Widerspruch, nämlich der, sich vor dem Kauf oder Verkauf ausführliche Informationen zu beschaffen. Das Gehirn ist in allererster Linie ein Vorhersageinstrument und jede Entscheidung zielt auf zukünftige Ereignisse ab. Ohne Prognosen könnten wir nicht entscheiden.

Und wie ist es mit den Informationen? Wir wissen, dass wir niemals alle relevanten Informationen sammeln, sichten und bewerten können. Alle Vorhersagen und Entscheidungen basieren auf unvollständigen Informationen. Unvollständige Informationen sind aber nicht gleichbedeutend mit falschen Informationen.

Also werden wir nicht umhin können, unsere Vorhersagen auf der Basis des Wissens zu treffen, über das wir verfügen. Natürlich bedeutet das nicht, dass man auf Informationen verzichten sollte, nur muss man eine Entscheidung über ihren Wert treffen. Und das können wir wieder nur, wenn wir unsere Emotionen und Erfahrungen zu Rate ziehen.

Eine Börsenregel empfiehlt, Gerüchte zu ignorieren. Doch auch das ist nicht unbedingt hilfreich. Denn manche Gerüchte können einen realen Hintergrund haben, also kommt es wieder darauf an, auch hier eine Bewertung vorzunehmen.

Vielleicht sollte man noch einfügen, dass es Störungen in den Hirnfunktionen gibt, die dazu führen, dass die Betroffenen nicht mehr in der Lage sind, auch nur eine noch so kleine Entscheidung zu fällen, weil sie versuchen, alle Informationen zu berücksichtigen, die diese Entscheidung beeinflussen. Dabei verlassen sie oft vollständig den Bereich der Realität, den sie mit anderen Menschen teilen können. Sie ziehen unter anderem Ereignisse heran, die außerhalb dessen liegen, was andere Menschen bei Entscheidungen bedenken.

Wenn sie zum Beispiel einen Termin für einen Arztbesuch vereinbaren sollen, versuchen diese kranken Menschen, zu berücksichtigen, ob dies auch unter dem Aspekt möglich ist, dass tags zuvor ein Flugzeug auf das Krankenhaus stürzt und wie groß die Wahrscheinlichkeit eines solchen Absturzes ist und ob man deshalb nicht vielleicht lieber einen späteren Termin wählen sollte, der allerdings wieder durch Unwetterprognosen, Terroranschläge und den Ausbruch von Seuchen oder Hochwasserkatastrophen beeinflusst werden könnte.

Wir sehen an diesem Beispiel eines ernst zu nehmenden Krankheitsbildes, dass die Berücksichtigung aller Informationen nicht nur eine Illusion darstellt, sondern uns in der Lebensführung generell behindern würde.

Wir müssen deshalb unsere eigene Limitierung akzeptieren und die Erkenntnisse der Funktionsweise unseres Gehirns in unser Kalkül auch im Umgang mit Geld einbeziehen. Deshalb haben wir hier sechs neue Regeln für den Umgang mit Geld formuliert, die Sie wahrscheinlich nicht vor Fehlern bewahren werden, aber die Anzahl der Fehler reduzieren und die Fähigkeit stärken, aus Fehlern zu lernen und mit sich selbst zufriedener zu sein, ohne Selbstgefälligkeit zu verbreiten.

Was macht Sie glücklich?

Eine beliebte Börsenregel besagt, wie wir oben gesehen haben, dass man seine Emotionen bekämpfen, objektiv bleiben und den Spieltrieb zähmen soll. Das brauchen Sie aus Sicht der Neurofinance aber nicht zu tun, weil Sie es aufgrund der Funktionsweise des Gehirns auch gar nicht können.

Finden Sie stattdessen heraus, was Sie wirklich glücklich macht, und folgen Sie diesem Gefühl. Geld allein bedeutet nicht Glück, aber Entscheidungen, die Sie zu richtigem Verhalten auch in Geldangelegenheiten führen, können Sie glücklich machen.

Wenn Sie Spaß daran haben, die Börse zu beobachten, eigene Vorhersagen zu treffen und Aktiengeschäfte zu tätigen, dann tun Sie das. Wenn Sie sich nicht für Aktien interessieren und auch keinen Spaß daran haben, sich ständig mit Gelddingen zu befassen, weil Sie der Ansicht sind, dass es wichtigere Dinge im Leben gibt, dann versuchen Sie, eine Entscheidung zu treffen, die über lange Zeit Gültigkeit hat und die Sie nicht ständig revidieren müssen oder wollen.

Natürlich gibt es Betrüger wie Bernard Madoff, auf den sicherlich viele von uns hereingefallen wären, wenn wir nur genügend Geld gehabt hätten, um von ihm als Klient akzeptiert zu werden. Es gibt leider kein Patentrezept, um sich vor Betrügern zu schützen und vor Mitmenschen, die einen übervorteilen wollen. Es bleibt Ihnen wahrscheinlich wirklich nichts anderes übrig, als Ihren Gefühlen und Erfahrungen zu vertrauen und gelegentlich Stichproben zu machen, ob dieses Vertrauen immer noch gerechtfertigt ist.

Das größte Problem, das uns daran hindert, glücklich zu sein, ist unangebrachtes Bedauern. Bedauern über falsche Entscheidungen und Verluste in der Vergangenheit bringen nichts ein, kosten aber viel Zeit und belegen einen großen Teil der ohnehin knappen Ressourcen im Gehirn. Wer glücklich werden will, sollte unter die Fehler der Vergangenheit einen Schlussstrich ziehen und versuchen, die gleichen Fehler nicht noch einmal zu machen.

Die Glücksforschung hat in den vergangenen Jahren einen regelrechten Boom erlebt. Auch der Verhaltensökonom und Nobelpreisträger Daniel Kahneman befasst sich schon seit langem sehr intensiv damit. Er hat die Erfahrung gemacht, dass die Menschen nicht zwischen Glück und Zufriedenheit unterscheiden können und dass sie Veränderungen in ihrem Leben regelmäßig überschätzen und die Gewöhnung an bestimmte Lebensumstände unterschätzen.

Geld und Erfolg fördern zwar die dauerhafte Zufriedenheit, doch glücklich machen sie nicht. Denn Glück lässt sich nur in Momenten erleben und nicht dauerhaft festhalten. Wer im Lotto gewonnen hat, ist sicherlich glücklich. Aber er gewöhnt sich schnell daran und das Glücksgefühl lässt nach. Kahneman ist der Meinung, dass wir immer wieder kleine Glücksmomente suchen sollten, dass wir sie aber nicht wie Dagobert Duck in einem Tresor voller Gold finden werden.

Regel 1:
Bedenken Sie, dass Ihr Glück und Ihr Spaß nicht identisch sind mit der Performance Ihrer Geldanlage. Niemand kann den Erfolg erzwingen, deshalb lernen Sie, dass auch Verluste zum Leben gehören.

Denken Sie positiv

Denken Sie positiv. Ihr Gehirn möchte Spaß haben. Es beschäftigt sich nicht gern mit Problemen, die Sie in ausweglose Situationen bringen, wie etwa das Eisenbahnwaggon-Dilemma, sondern hat Freude an Lösungen. Bei einer optimistischen, positiven Grundeinstellung wird das Belohnungssystem von vornherein aktiviert und es wird Sie zu besseren Lösungen leiten. Denn es schafft die Bedingungen, die Grundlage für das Finden von kreativen Lösungen sind.

Das heißt also, wenn Sie sich in einer positiven Stimmung befinden, können Sie besser denken. Sie selbst können bestimmen, was Sie denken, etwas Positives oder Negatives. Wir haben gesehen, dass schon eine heiße Tasse in der Hand unsere Bewertungen ändert. Warum sollte unsere positive Stimmung dazu nicht in der Lage sein?

Diese Überlegungen gelten nicht nur im zwischenmenschlichen Bereich, sondern auch für Entscheidungen in Geldanlagen. Wenn Sie sich bewusst sind, dass Sie in Gelddingen nicht ausschließlich rational entscheiden, dann können Sie durch eine positive Grundeinstellung ihr Verhalten beeinflussen.

Ihre Vorfreude kann Ihnen niemand nehmen. Aber bedenken Sie, Euphorie ist etwas anderes als positives Denken.

> **Regel 2:**
> Das Aktivieren des Belohnungssystems durch positives Denken verbessert die Fähigkeit, frei, kreativ, flexibel und komplex zu denken und Zusammenhänge zu erkennen, die man sonst übersehen hätte.

Bekämpfen Sie nicht Ihre Gefühle, sondern lassen sie zu

Akzeptieren Sie, dass Ihre Persönlichkeit mehr umfasst als das, was Sie meinen darzustellen und dass Ihr Unbewusstes eine wesentliche Rolle bei Ihren Entscheidungen spielt. Das Unbewusste ist auf schnelle Bedürfnisbefriedigung angelegt. Es registriert viel mehr als das Bewusste und reagiert auch schneller.

Das gilt für jede Lebenslage, auch bei Geldgeschäften. Wenn Sie zum Beispiel bei einer Sache ein schlechtes Gefühl haben, das Sie nicht rational begründen können, dann hören Sie auf das Signal ihres Unbewussten und lassen Sie die Hände davon.

Regel 3:
Akzeptieren Sie die Ideen aus dem Unbewussten und bauen Sie diese aus, auch wenn Sie diese nicht rational begründen können.

Der richtige Umgang mit den eigenen Emotionen

Um die eigenen Kontrollmöglichkeiten zu aktivieren und zu nutzen, ist es wichtig, den richtigen Umgang mit den eigenen Emotionen zu lernen. Die meisten Menschen versuchen in schwierigen Situationen, ihre Emotionen durch bewusstes rationales Denken unter Kontrolle zu halten. Doch das funktioniert nur in den seltensten Fällen.

Deutlich besser ist es, sich seiner Emotionen bewusst zu werden und diese zu benennen. Experimente haben ergeben, dass die emotionalen Reaktionen schwächer werden oder ganz unterbunden werden können, wenn man sie in Worte fasst. Dabei muss man diese Gefühle nicht einmal aussprechen oder aufschreiben, obgleich beides sicherlich hilfreich ist.

Unser Unbewusstes kann sich auch in Körpersignalen manifestieren. So hatte der bekannte amerikanische Investor George Soros beobachtet, was dafür ausschlaggebend ist, dass er seine Marktposition an der Börse ändert. Es waren ganz einfach plötzlich auftretende Rückenschmerzen. Nach dieser Erkenntnis betrachtete er in Zukunft Rückenschmerzen als Warnsignal.

Hier könnte man den Rat anschließen, zumindest für seine Finanzangelegenheiten eine Art Tagebuch anzulegen, in das man einträgt, wie man sich in finanziellen Dingen entschieden hat und wie sich in der darauf folgenden Zeit die damit verbundenen Gefühle entwickelten. Viele Leser werden erstaunt sein, wie groß die Zahl der Anregungen ist, die sie spätestens nach einem Jahr aus einem solchen Finanztagebuch ziehen können.

Das „Tagebuch" muss nicht ausschließlich die Entscheidungen für Aktiengeschäfte oder andere Geldanlagen enthalten, sondern man kann auch die verschiedenen Kaufentscheidungen des Alltags, die man zu treffen gedenkt oder bereits getroffen hat, mit den dazu gehörigen Gefühlen notieren, um die Selbstkontrolle zu verbessern.

> **Regel 4:**
> Ein „Gefühlsregister" hilft Ihnen, sich darüber klar zu werden, welche Gefühle in welchen Situationen auftauchen und welches Ergebnis dabei herausgekommen ist. Es hilft Ihnen so bei der Entscheidungsfindung in ähnlichen Situationen.

Unser Gehirn ist lernfähig

Eine der wichtigsten Chancen, seine eigenen Kontrollmöglichkeiten zu aktivieren und zu nutzen, besteht ganz einfach darin, dazu zu lernen. Das Gehirn arbeitet nämlich nicht wie ein starrer Computer, sondern knüpft unablässig neue Verbindungen und bleibt so lebenslang lernfähig.

Im Hippocampus, wo die eingehenden Sinneswahrnehmungen räumlich und zeitlich sortiert und mit Gefühlen verknüpft werden, entscheidet eine verhältnismäßig geringe Zahl von Nervenzellen darüber, wie die weitere Verarbeitung im Gehirn vor sich geht. Es können dort neue Neuronen gebildet werden, die durchaus Einfluss auf die Netzwerkarchitektur des Gehirns haben. Voraussetzung dafür ist aber, dass diese neuen Neuronen auch gebraucht werden, wenn also neue Reize und Informationen zu verarbeiten sind.

Aufgrund neuer Reize können sich innerhalb von Sekunden bereits vorhandene Synapsen zwischen den Neuronen verstärken, um das soeben Geschehene zu erinnern. Im Verlauf von Stunden können dann auch neue Verbindungen zwischen den Nervenzellen entstehen, indem neu gewachsene Synapsen neue Verschaltungen herstellen. Allerdings bedarf es dann noch einiger Tage, um nachhaltige Veränderungen als Ergebnis des Lernens herbeizuführen.

Die besten Lernerfolge stellen sich auch im Zusammenhang mit veränderten Denkweisen dort ein, wo bereits vorhandene Fähigkeiten ausgebaut werden können. Die Fähigkeit, zu denken, bedeutet nicht nur, bestimmte Muster zu erkennen oder bestimmte Abläufe nachzuvollziehen. Es kann auch bedeuten, auf einem bestimmten vorhandenen Fach- oder Sachwissen aufzubauen.

Wenn sich diese Kenntnisse zum Beispiel auf bestimmte Branchen beziehen, erscheint es durchaus sinnvoll und zweckmäßig, sein Geld nicht nur unter Renditeaspekten anzulegen, die meist auf fremden Informationen und Empfehlungen basieren, sondern die eigene Kenntnis bestimmter Branchen zu nutzen, um daraus komparative Vorteile abzuleiten.

Wir sind zwar in der Lage, unser Wissen zu erweitern, aber wir wissen auch, dass wir nicht alles wissen können. Dabei müssen wir uns darüber im Klaren sein, dass unser Unbewusstes viel mehr Informationen speichert, als wir denken. Im Zusammenhang mit Geldanlagen können wir nicht alles wissen, was den Markt beeinflusst. Wir sollten aber dem Unbewussten die Chance geben, seinen Wissensschatz zu öffnen. Es ist in der Lage, aktuelles Geschehen mit gespeicherten Erfahrungen zu verknüpfen und zu interpretieren.

Regel 5:
Lernen im Zusammenhang mit Finanzen setzt Erfolgserlebnisse voraus. Denn nur dann wird das Belohnungssystem aktiviert und so die Bereitschaft zu weiterem Lernen angestoßen. Insgesamt dürfen wir nicht unterschätzen, welche Bedeutung das unbewusste Lernen für uns hat

Das Gehirn liebt Vorhersagen

Eine der wichtigsten Funktionen unseres Gehirns besteht darin, Vorhersagen zu machen. Treffen diese zu, wird je nach der Bedeutung der Vorhersage das Belohnungssystem aktiviert werden.

Treffen die Vorhersagen allerdings nicht zu, haben wir zwei Möglichkeiten: Entweder wir interpretieren die Ereignisse so, dass sie zu unseren Vorhersagen passen, im Klartext bedeutet das, dass wir uns die Wirklichkeit nach unseren Wünschen formen. Oder aber wir akzeptieren den Irrtum und nutzen ihn, um daraus zu lernen, damit wir für nachfolgende Situationen die richtigen Vorhersagen ableiten können.

Dieses Eingeständnis eines Irrtums bedarf allerdings einer gewissen Selbstreflexion. Das Zurechtbiegen von Tatsachen ist natürlich die einfachere Lösung, aber die in die Zukunft gesehen weniger Erfolg versprechende. Im Zusammenhang mit zufälligen Ereignissen versagt allerdings die Vorhersagefähigkeit des Gehirns. Doch gerade solche Zufälle, nämlich in Form des Eintreffens ungewisser Ereignisse, sind an der Börse die Regel.

Wenn wir nun wissen, dass Vorhersagen unsere Sicht auf die Welt bestimmen und wir in bestimmten Situationen die Prognose treffen, dass wir nicht wissen, was passieren wird, mag das vielleicht unbefriedigend klingen, führt aber im Endergebnis dazu, dass wir mit der Vorhersage „Ich weiß nicht, was passieren wird" Recht behalten haben.

Regel 6:
Es ist notwendig, die Bereitschaft zur Akzeptanz von Zufällen zu entwickeln und zu trainieren. Auch wenn wir gern alles vorhersagen möchten, müssen wir uns eingestehen, dass wir das nicht können.

Info: Die sechs neuen Regeln der Neurofinance für den Umgang mit Geld

Regel 1:
Bedenken Sie, dass Ihr Glück und Ihr Spaß nicht identisch sind mit der Performance Ihrer Geldanlage. Niemand kann den Erfolg erzwingen, deshalb lernen Sie, dass auch Verluste zum Leben gehören.

Regel 2:
Das Aktivieren des Belohnungssystems durch positives Denken verbessert die Fähigkeit, frei, kreativ, flexibel und komplex zu denken und Zusammenhänge zu erkennen, die man sonst übersehen hätte.

Regel 3:
Akzeptieren Sie die Ideen aus dem Unbewussten und bauen Sie diese aus, auch wenn Sie diese nicht rational begründen können.

Regel 4:
Ein „Gefühlsregister" hilft Ihnen, sich darüber klar zu werden, welche Gefühle in welchen Situationen auftauchen und welches Ergebnis dabei herausgekommen ist. Es hilft Ihnen so bei der Entscheidungsfindung in ähnlichen Situationen.

Regel 5:
Lernen im Zusammenhang mit Finanzen setzt Erfolgserlebnisse voraus. Denn nur dann wird das Belohnungssystem aktiviert und so die Bereitschaft zu weiterem Lernen angestoßen. Insgesamt dürfen wir nicht unterschätzen, welche Bedeutung das unbewusste Lernen für uns hat.

Regel 6:
Es ist notwendig, die Bereitschaft zur Akzeptanz von Zufällen zu entwickeln und zu trainieren. Auch wenn wir gern alles vorhersagen möchten, müssen wir uns eingestehen, dass wir das nicht können.

Zusammenfassung

Für die richtige Kapitalanlage spielen Langfristigkeit und das gesamtwirtschaftliche Umfeld eine größere Rolle als Kurzfristigkeit und die Entwicklung der Aktien einzelner Unternehmen. Allerdings widerspricht dies dem Wunsch des Gehirns nach schneller Belohnung. Generell ist der Mensch nun einmal geneigt, kurzfristig zu handeln und sich lieber auf Details zu konzentrieren als auf das große Gesamtbild.

Gängige Börsenregeln fordern rationales Verhalten und sind deshalb unter Neurofinance-Gesichtspunkten nicht umzusetzen. Sie berücksichtigen einfach nicht, was in unseren Gehirnen vorgeht. Deshalb haben wir sechs neue Regeln für den Umgang mit Geld entwickelt, die die Funktionsweise des Gehirns berücksichtigen und deshalb auch in der Praxis anzuwenden sind.

Wie das Gehirn mit Krisenzeiten umgeht

Als Krisenzeiten empfinden wir alles, was über einen längeren Zeitraum, das können Monate, aber manchmal auch nur ein paar Wochen sein, von der Norm abweicht. Also müssen wir uns zunächst damit befassen, was für uns normal ist. In der Regel setzt unsere eigene Lebensgeschichte dafür die Maßstäbe.

Für diejenigen, die heute älter als 50 Jahre sind, war es lange Zeit normal, dass es zwei deutsche Staaten gab, obgleich eine solche Staatenteilung außer in Deutschland nur in Korea existierte.

Es war für viele Jahre normal, dass wir in Westdeutschland Vollbeschäftigung hatten. Eine Zeitlang sprach man sogar von „Überbeschäftigung". Irgendwann war es normal, nur noch 40 Stunden pro Woche zu arbeiten und dann nur noch 35. Es wurde auch stets als normal angesehen, dass die Wirtschaft wächst und die Löhne nicht nur nominal, sondern auch real stiegen.

Die Liste solcher scheinbaren Normalitäten, die irgendwelchen natürlichen Gesetzmäßigkeiten folgten, ließe sich noch beliebig fortsetzen.

Warum haben wir auch schnelle Veränderungen, die wir als positiv empfanden, stets als „normal" bezeichnet und negative Veränderungen, wie zum Beispiel wachsende Arbeitslosigkeit, als Krisen definiert? Woher wissen wir überhaupt, was eine Krise ist und was nicht? Ganz offensichtlich spielen die Medien und damit das kollektive Bewusstsein, an dem sich der Einzelne orientiert, eine ganz wesentliche Rolle.

Denn Umfragen zeigen immer wieder, dass weder die Finanz- noch die Wirtschaftskrise bisher bei der Mehrzahl der Deutschen angekommen ist. Nur die Sorge, dass sie ankommen könnte, wurde geschürt.

Die Tagesschau hat im Internet eine Umfrage gemacht „Haben Sie genug von den Konjunkturprognosen für 2009?" Die Ergebnisse dieser Umfrage sind eindeutig nicht repräsentativ. Aber sie zeigen ein klares Bild. 85,1 Prozent wollten nichts mehr von Konjunkturprognosen hören, 12,3 Prozent wollten weiter informiert werden und 2,6 Prozent hatten dazu keine oder eine andere Meinung.

Offensichtlich reicht es den meisten Menschen, dass immer neue Konjunkturprognosen von Wirtschaftsforschungsinstituten und Organisationen wie der OECD und dem Internationalen Währungsfonds präsentiert werden.

Auch der Chef des Deutschen Instituts für Wirtschaftsforschung Klaus Zimmermann hat eingeräumt: „Wir können sagen, da passiert was Schlimmes, aber wie schlimm es wird, können wir nicht sagen". Deshalb schlug er vor, zumindest vorübergehend keine Prognosen mehr vorzulegen, weil das „eine Frage der intellektuellen Redlichkeit" sei.

Wenn man solche Aussagen liest, fragt man sich, ob manche Krisen nicht vielleicht als selbsterfüllende Prophezeiungen herbeigeredet werden. Doch das werden wir kaum beurteilen können, weil uns entsprechende Daten und Fakten nicht vorliegen und komplexe Vorhersagen offensichtlich kaum möglich sind.

In diesem Buch haben wir hoffentlich deutlich genug gemacht, dass das Gehirn einerseits Vorhersagen braucht, um Entscheidungen vorbereiten zu können, dass aber andererseits auch alle Vorhersagen nur auf Erfahrungen aus der Vergangenheit beruhen und uns in nahezu allen Fällen für diese Vorhersagen nur unvollständige Informationen zur Verfügung stehen.

Je komplexer Systeme sind, desto schwieriger wird es, die damit zusammenhängenden Informationen zu beschaffen und zu bewerten. Und da das Weltwirtschaftssystem wohl das komplexeste soziale System darstellt, das die Menschheit in ihrer Geschichte bisher je geschaffen hat, dürfen wir uns nicht wundern, dass wir die Stellschrauben zur Neujustierung dieses Systems nicht mehr erkennen.

Prof. Dietrich Dörner hat in diesem Zusammenhang von der „Logik des Misslingens" gesprochen. Das menschliche Gehirn kann nur eine begrenzte Komplexität erfassen und verarbeiten, und hier sind offensichtlich alle Institutionen und die führenden Köpfe der Welt überfordert, wie auch der ergebnislose Weltwirtschaftsgipfel in Davos im Januar 2009 gezeigt hat.

Aber vielleicht müssen wir zunächst noch einmal einen Schritt zurückgehen und uns die Frage stellen, was eigentlich normal oder die

Norm ist, die uns als Maßstab dient. Tatsächlich bezeichnen wir all das als normal, woran wir uns gewöhnt haben. Menschen, die von Kindheit an in den Krisengebieten dieser Welt aufgewachsen sind, werden sich an schwierige Situationen gewöhnt haben und anders damit umgehen als Menschen, die diesen Situationen plötzlich ausgesetzt sind.

Das heißt nicht, dass sie diese Schwierigkeiten akzeptieren oder sie gar als gut und richtig empfinden. An Unrecht, Ungerechtigkeit und Unfairness wird man sich nie gewöhnen können, so wie man sich vielleicht an schlechtes Wetter gewöhnt oder vielleicht sogar an immer wiederkehrende Missernten und Hungersnöte.

Es ist jedenfalls davon auszugehen, dass wir uns in Deutschland seit dem Ende des Zweiten Weltkriegs an ein Leben gewöhnt haben, das für viele Millionen anderer Menschen auf der Erde eher die Ausnahme darstellt. Gewöhnung ist im weitesten Sinne eine Art Lernprozess, und wir befinden uns zurzeit ganz offensichtlich in einer Phase des Umlernens.

Das Gegenstück zur Gewöhnung ist die Anpassung. Der Mensch hat es in seiner Geschichte immer wieder lernen müssen, sich an veränderte Bedingungen, seien sie nun durch die Umwelt oder durch soziale und technische Neuerungen verursacht worden, anzupassen. Der letzte große Anpassungsprozess begann wahrscheinlich mit der Industrialisierung in der Mitte des 19. Jahrhunderts und endete erst mit dem Ende des zweiten Weltkriegs. Dass die Zeit danach von uns als normal empfunden wurde, ist eher ein Glücksfall.

Anpassung kann einerseits dadurch erfolgen, dass wir unsere Bedürfnisse und Lebensweise entsprechend den äußeren Bedingungen ändern, oder aber indem wir die Bedingungen verändern und sie nach unseren Vorstellungen formen.

Von den vier Systemen des Gehirns hilft uns das Belohnungssystem dabei nur insofern weiter, als es uns im günstigsten Fall motiviert, durchzuhalten.

Dem Gedächtnissystem sind vergleichbare Situationen wie das, was wir Finanzkrise nennen, aus eigener Erinnerung nicht geläufig, und alles, was wir über die Weltwirtschaftskrise aus den 1930er Jahren wissen, stammt aus zweiter Hand. Deshalb wird es dem Einzelnen nur bedingt hilfreiche Lösungen bieten können.

Das Entscheidungssystem ist in Ermangelung von Fakten nicht in der Lage, eine eigene Bewertung abzugeben. Was bleibt, ist das emotionale System.

Auf Krisenzeiten können wir ganz offensichtlich nur mit Erwartungen, Wut, Angst oder Panik reagieren. Doch die mit Wut und Angst verbundenen Reaktionen wie Flucht, Verteidigung oder Angriff taugten vielleicht in den Urwäldern und Steppen der Vorzeit, aber nicht in einer modernen, globalisierten Gesellschaft.

Wohin sollten wir flüchten? Gegen wen müssten wir uns verteidigen? Oder wen sollten wir angreifen? Wir haben Angst und sind wütend, aber wir haben keine Gegner oder Objekte, gegen die wir unsere Emotionen richten können.

Viele Menschen werden vielleicht in Panik erstarren, doch die meisten werden sich ihre positiven Erwartungen bewahren. Wer in Panik verfällt, hat selbst den Eindruck, hilflos und verlassen zu sein. Viele Menschen können sich aus einem solchen Zustand nicht mehr aus eigener Kraft befreien, weil die Panik und die Verlustgefühle so stark sind, dass sie die höchste Bewusstseins- und Aufmerksamkeitsebene vollkommen blockieren.

Wer feststellt, dass sein Lebenskonzept gescheitert ist, dass er dem eigenen Ideal nicht mehr entspricht, dass die Position in der Öffentlichkeit und das damit verbundene Selbstbild für immer verloren ist, wird in seinem Ego manchmal so stark gekränkt, dass er Selbstmord begeht.

Tatsächlich hat die Zahl der Suizide unter Wall Street Managern signifikant zugenommen. Manche der Selbstmorde waren zwar nur vorgetäuscht, um sich der Verantwortung zu entziehen, doch inzwischen gelten die Finanz-Manager als eine selbstmordgefährdete Berufsgruppe, die sich in einer sozialen oder seelischen Notlage befindet. Hier wird es notwendig sein, den Rückweg aus einer der Normalität entrückten Lebensweise zu finden.

Tatsächlich ist es so, dass die Menschen dazu neigen, die Bedeutung von Veränderungen in ihrem Leben zu überschätzen, sowohl in positiver wie auch in negativer Richtung. Menschen, denen es gelingt, bei Veränderungen ihre positiven Grunderwartungen zu erhalten, werden versuchen, sich so gut sie können abzusichern, und sie werden ihre Zuflucht in das Vertrauen zu denen nehmen, die sie mit der Führung beauftragt haben.

Wenn die Politik und besonders die Regierung jetzt das in sie gesetzte Vertrauen nicht erfüllt, wird es tatsächlich zu einem Zusammenbruch der Systeme kommen und ein Chaos entstehen, in dem Wut und Angst die Oberhand gewinnen können. Hoffen wir also, dass die Regierung die in sie gesetzten Erwartungen erfüllt.

Wie groß die Wirkungen des Prinzips Hoffnung sein können, zeigt uns in den Vereinigten Staaten gerade der neue Präsident Barack Obama. Er hat es geschafft, positive Emotionen und Erwartungen zu mobilisieren, die zumindest jetzt das Bewusstsein einer ganzen Nation bestimmen. Es wäre gut, wenn auch wir uns davon mitreißen lassen würden.

Glossar

Amygdala

Die Amygdala, auch Mandelkern genannt, ist für die emotionale Einfärbung von Informationen zuständig. Sie erhält Informationen aus allen Sinnessystemen, verarbeitet externe Impulse, führt zur Freisetzung von Stresshormonen und beeinflusst das vegetative Nervensystem, dessen Aktionen als Gefühle wieder auf das Gehirn zurückwirken.

Behavioral Economics

Zu Beginn wurden die Theorien der Behavioral Economics und Behavioral Finance fast ausschließlich durch experimentelle Beobachtungen und Befragungen entwickelt. Dabei lenkte man das Interesse besonders auf irrationale Verhaltensweisen in der Wirtschaft, aber auch auf den Finanz- und Kapitalmärkten. Die Themen der Behavioral Economics gliedern sich grob in Heuristiken, systematische Kognitionsprobleme und Anomalien.

Behavioral Finance

Im Bereich der Behavioral Finance geht es oft nicht mehr nur um die Erklärung des irrationalen Verhaltens der verschiedenen Marktteilnehmer, sondern auch um die Ergründung der Ursachen für Marktanomalien, die nicht allein über individuelles Verhalten zu erklären sind.

Bildgebende Verfahren

Abbildungsverfahren, mit denen normale Funktionen oder Aktivitäten des Körpers und krankhafte Veränderungen bildlich dargestellt werden. Sie ermöglichen es, die Struktur und Funktion des lebenden Gehirns sichtbar zu machen. Bei den bildgebenden Verfahren können Röntgenstrahlen, Wärmestrahlung, Ultraschall oder Magnetfelder eingesetzt werden.

BOLD-Signal

Die Blood Oxygen Level Dependency (BOLD) ist die Grundlage für die funktionelle Magnetresonanztomografie, bei der nicht nur anatomische Bilder des Gehirns gewonnen werden, sondern auch lokale Änderungen der Gehirnaktivitäten bestimmt werden können.

Computertomografie (CT)

Die Computertomografie gehört zu den bildgebenden Verfahren. Hier werden mit Hilfe von Röntgenstrahlen von einem Körper aufeinander folgende Schnittbilder erzeugt. Sie ermöglichen eine dreidimensionale Darstellung des Körpers.

Finanzpsychologie

Heute versteht man unter Finanzpsychologie die Wissenschaft vom Erleben und Verhalten von Menschen im Umgang mit Geld oder liquiditätsnahe investierten beziehungsweise aufgenommenen Mitteln.

Funktionelle Magnetresonanztomografie

Die funktionelle Magnetresonanztomografie (fMRT), auch Kernspinresonanztomografie oder Kernspintomografie genannt, gehört zu den bildgebenden Verfahren, deren Grundidee ein Vergleich des Gehirnzustands bei der Ausführung einer bestimmten Aufgabe mit dem bei der Ausführung einer Kontrollaufgabe ist. Aus dem Unterschied lassen sich Rückschlüsse auf die unterschiedliche Aktivierung verschiedener Hirnregionen ziehen. Der zu untersuchende Körper wird in ein starkes, gepulstes Magnetfeld gebracht, es entsteht also für den Untersuchten im Gegensatz zur CT keine Strahlenbelastung.

Hippocampus

Der Hippocampus ist für das Gedächtnis und für das Lernen zuständig. Fällt diese Struktur beidseitig aus, können keine neuen Informationen mehr aufgenommen werden.

Insula

Die Insula, auch Inselrinde genannt, ist ein eingesenkter Teil der Großhirnrinde. Man geht davon aus, dass sie als assoziatives Zentrum für akustisches Denken dient, für den Geruchs- und Geschmackssinn zuständig ist sowie für die emotionale Bewertung von Schmerzen.

Neurofinance

Die Neurofinance versucht unter Berücksichtigung der Erkenntnisse der Psychologie, der Behavioral Economics und der Behavioral Finance die neuronale Basis für Entscheidungen und Verhalten zu entschlüsseln und die Frage zu beantworten, wie Investoren welche Informationen verarbeiten und welchen Einfluss die persönliche Risikowahrnehmung auf den Entscheidungsprozess hat.

Neuroökonomie

In der Neuroökonomie geht darum, wie Menschen in unterschiedlichen Verhandlungssituationen und unter bestimmten Perspektiven Entscheidungen fällen, was sie als gerecht oder ungerecht empfinden, wie sie mit Vor- und Nachteilen umgehen, welches Verhalten sie daraus ableiten, sowie darum, ob und wie man Entscheidungen beeinflussen kann.

Nucleus accumbens

Der Nucleus accumbens spielt eine wichtige Rolle im Belohnungssystem. Er ist ein Teil des limbischen Systems, eine Einheit, die für die Bildung von Emotionen und für das Gedächtnis eine besondere Rolle spielt.

Präfrontaler Cortex

Der präfrontale Cortex ist Teil des Frontallappens der Großhirnrinde. Hier laufen alle wichtigen Informationen zusammen. Er empfängt nicht nur die verarbeiteten sensorischen Signale, sondern wird auch über den individuellen emotionalen Zustand informiert und integriert dies alles mit Gedächtnisinhalten, und zwar unter Berücksichtigung der Informationen aus dem Belohnungssystem.

Über die Autoren

Prof. Dr. Christian E. Elger ist Direktor der Klinik für Epileptologie und Wissenschaftlicher Geschäftsführer der Life & Brain GmbH im Universitätsklinikum Bonn.
Von ihm ist im Haufe Verlag 2008 das Buch „Neuroleadership" erschienen.

Friedhelm Schwarz ist nach einem Studium der Wirtschafts- und Gesellschaftswissenschaften seit 1982 als Wirtschaftsjournalist tätig. Zudem ist er Buchautor zahlreicher sehr erfolgreicher Titel zum Thema Börse, Wirtschaft und Gesellschaft.

Quellenverzeichnis

Detaillierte Informationen zu Neurofinance-Experimenten finden Sie in folgenden Quellen:

Baumgartner, T., Heinrichs, M., Vonlanthen, A., Fischbacher, U., & Fehr, E. (2008): Oxytocin shapes the neural circuitry of trust and trust adaptation in humans. Neuron, 58, 639-650.

Berns, G. S., McClure, S. M., Pagnoni, G., & Montague, P. R. (2001): Predictability modulates human brain response to reward. J.Neurosci., 21, 2793-2798.

Bickel, W. K., Miller, M. L., Yi, R., Kowal, B. P., Lindquist, D. M., & Pitcock, J. A. (2007): Behavioral and neuroeconomics of drug addiction: competing neural systems and temporal discounting processes. Drug Alcohol Depend., 90 Suppl 1, S85-S91.

Bjork, J. M., Smith, A. R., Danube, C. L., & Hommer, D. W. (2007): Developmental differences in posterior mesofrontal cortex recruitment by risky rewards. J.Neurosci., 27, 4839-4849.

Boettiger, C. A., Mitchell, J. M., Tavares, V. C., Robertson, M., Joslyn, G., D'Esposito, M. et al. (2007): Immediate reward bias in humans: fronto-parietal networks and a role for the catechol-O-methyl-transferase 158(Val/Val) genotype. J.Neurosci., 27, 14383-14391.

Cabantous, L. (2007): Ambiguity aversion in the field of insurance: Insurers' attitude to imprecise and conflicting probability estimates. Theory and Decision, 62, 219-240.

Camerer, C. F. (2008): Neuroeconomics: opening the gray box. Neuron, 60, 416-419.

Cooper, J. C. & Knutson, B. (2008): Valence and salience contribute to nucleus accumbens activation. Neuroimage., 39, 538-547.

Coricelli, G., Dolan, R. J., & Sirigu, A. (2007): Brain, emotion and decision making: the paradigmatic example of regret. Trends Cogn Sci., 11, 258-265.

Crockett, M. J., Clark, L., Tabibnia, G., Lieberman, M. D., & Robbins, T. W. (2008): Serotonin modulates behavioral reactions to unfairness. Science, 320, 1739.

Dagher, A. (2007): Shopping centers in the brain. Neuron, 53, 7-8.

De Martino B., Kumaran, D., Seymour, B., & Dolan, R. J. (2006): Frames, biases, and rational decision-making in the human brain. Science, 313, 684-687.

de Quervain, D. J., Fischbacher, U., Treyer, V., Schellhammer, M., Schnyder, U., Buck, A. et al. (2004): The neural basis of altruistic punishment. Science, 305, 1254-1258.

Delgado, M. R. (2008): Fool me once, shame on you; fool me twice, shame on oxytocin. Neuron, 58, 470-471.

Delgado, M. R., Schotter, A., Ozbay, E. Y., & Phelps, E. A. (2008): Understanding overbidding: using the neural circuitry of reward to design economic auctions. Science, 321, 1849-1852.

Domes, G., Heinrichs, M., Michel, A., Berger, C., & Herpertz, S. C. (2007): Oxytocin improves "mind-reading" in humans. Biol.Psychiatry, 61, 731-733.

Dreber, A., Rand, D. G., Fudenberg, D., & Nowak, M. A. (2008): Winners don't punish. Nature, 452, 348-351.

Eisenegger, C., Treyer, V., Fehr, E., & Knoch, D. (2008): Time-course of "off-line" prefrontal rTMS effects--a PET study. Neuroimage., 42, 379-384.

Ersner-Hershfield, H., Wimmer, G. E., & Knutson, B. (2008): Saving for the future self: Neural measures of future self-continuity predict temporal discounting. Soc.Cogn Affect.Neurosci..

Falk, A. (2001): Homo Oeconomicus Versus Homo Reciprocans: Ansätze für ein Neues Wirtschaftspolitisches Leitbild? (Rep. No. Working Paper No. 79). Institute for Empirical Research in Economics University of Zurich.

Fehr, E. (2002): Die Psychologische Wende in der Ökonomik. Vortrag im Wissenschaftskolleg zu Berlin.

Fehr, E. & Camerer, C. F. (2007): Social neuroeconomics: the neural circuitry of social preferences. Trends Cogn Sci., 11, 419-427.

Fehr, E. & Falk, A. (2002): Psychological foundations of incentives. European Economic Review, 46, 687-724.

Fehr, E. & Fischbacher, U. (2002): Why social preferences matter - The impact of non-selfish motives on competition, cooperation and incentives. Economic Journal, 112, C1-C33.

Fehr, E. & Fischbacher, U. (2003): The nature of human altruism. Nature, 425, 785-791.

Fehr, E. & Gachter, S. (2000): Do incentive contracts crowd out voluntary cooperation? (Rep. No. Working Paper No. 34). Institute for Empirical Research in Economics, University of Zurich.

Fehr, E., Kremhelmer, S., & Schmidt, K. M. (2008): Fairness and the optimal allocation of ownership rights. Economic Journal, 118, 1262-1284.

Fehr, E. & List, J. A. (2004): The Hidden Costs and Returns of Incentives - Trust and Trustworthiness Among CEOs. Journal of the European Economic Association, 2, 743-771.

Fehr, E. & Rockenbach, B. (2004): Human altruism: economic, neural, and evolutionary perspectives. Curr.Opin.Neurobiol., 14, 784-790.

Fehr, E. & Tyran, J. R. (2007): Money illusion and coordination failure. Games and Economic Behavior, 58, 246-268.

Fehr, E. & Tyran, J. R. (2008): Limited rationality and strategic interaction: The impact of the strategic environment on nominal inertia. Econometrica, 76, 353-394.

Fliessbach, K., Weber, B., Trautner, P., Dohmen, T., Sunde, U., Elger, C. E. et al. (2007): Social comparison affects reward-related brain activity in the human ventral striatum. Science, 318, 1305-1308.

Goldstein, R. Z., Tomasi, D., ia-Klein, N., Cottone, L. A., Zhang, L., Telang, F. et al. (2007): Subjective sensitivity to monetary gradients is associated with frontolimbic activation to reward in cocaine abusers. Drug Alcohol Depend., 87, 233-240.

Gummerum, M., Keller, M., Takezawa, M., & Mata, J. (2008): To give or not to give: children's and adolescents' sharing and moral negotiations in economic decision situations. Child Dev., 79, 562-576.

Hampton, A. N. & O'Doherty, J. P. (2007): Decoding the neural substrates of reward-related decision making with functional MRI. Proc.Natl.Acad.Sci.U.S.A, 104, 1377-1382.

Harbaugh, W. T., Mayr, U., & Burghart, D. R. (2007): Neural responses to taxation and voluntary giving reveal motives for charitable donations. Science, 316, 1622-1625.

Heinrichs, M. & Domes, G. (2008): Neuropeptides and social behaviour: effects of oxytocin and vasopressin in humans. Prog.Brain Res., 170, 337-350.

Hens, Th. and Meier, R. T. (2007, October 1): Auf den Spuren des „homo investicus". Neue Züricher Zeitung online.

Hsu, M., Anen, C., & Quartz, S. R. (2008): The right and the good: distributive justice and neural encoding of equity and efficiency. Science, 320, 1092-1095.

Huber, D., Veinante, P., & Stoop, R. (2005): Vasopressin and oxytocin excite distinct neuronal populations in the central amygdala. Science, 308, 245-248.

Izuma, K., Saito, D. N., & Sadato, N. (2008): Processing of social and monetary rewards in the human striatum. Neuron, 58, 284-294.

Kahn, I., Yeshurun, Y., Rotshtein, P., Fried, I., Ben-Bashat, D., & Hendler, T. (2002): The role of the amygdala in signaling prospective outcome of choice. Neuron, 33, 983-994.

Kahneman, D. & Tversky, A. (1979): Prospect Theory - Analysis of Decision Under Risk. Econometrica, 47, 263-291.

Kalenscher, T. & Pennartz, C. M. (2008): Is a bird in the hand worth two in the future? The neuroeconomics of intertemporal decision-making. Prog.Neurobiol., 84, 284-315.

Kim, H., Adolphs, R., O'Doherty, J. P., & Shimojo, S. (2007): Temporal isolation of neural processes underlying face preference decisions. Proc.Natl.Acad.Sci.U.S.A, 104, 18253-18258.

King-Casas, B., Tomlin, D., Anen, C., Camerer, C. F., Quartz, S. R., & Montague, P. R. (2005): Getting to know you: reputation and trust in a two-person economic exchange. Science, 308, 78-83.

Knoch, D. & Fehr, E. (2007): Resisting the power of temptations: the right prefrontal cortex and self-control. Ann.N.Y.Acad.Sci., 1104, 123-134.

Knoch, D., Gianotti, L. R., Pascual-Leone, A., Treyer, V., Regard, M., Hohmann, M. et al. (2006a): Disruption of right prefrontal cortex by low-frequency repetitive transcranial magnetic stimulation induces risk-taking behavior. J.Neurosci., 26, 6469-6472.

Knoch, D., Nitsche, M. A., Fischbacher, U., Eisenegger, C., Pascual-Leone, A., & Fehr, E. (2008): Studying the neurobiology of social interaction with transcranial direct current stimulation--the example of punishing unfairness. Cereb.Cortex, 18, 1987-1990.

Knoch, D., Pascual-Leone, A., Meyer, K., Treyer, V., & Fehr, E. (2006b): Diminishing reciprocal fairness by disrupting the right prefrontal cortex. Science, 314, 829-832.

Knutson, B., Adams, C. M., Fong, G. W., & Hommer, D. (2001a): Anticipation of increasing monetary reward selectively recruits nucleus accumbens. J.Neurosci., 21, RC159.

Knutson, B. & Bossaerts, P. (2007): Neural antecedents of financial decisions. J.Neurosci., 27, 8174-8177.

Knutson, B., Fong, G. W., Adams, C. M., Varner, J. L., & Hommer, D. (2001b): Dissociation of reward anticipation and outcome with event-related fMRI. Neuroreport, 12, 3683-3687.

Knutson, B., Fong, G. W., Bennett, S. M., Adams, C. M., & Hommer, D. (2003): A region of mesial prefrontal cortex tracks monetarily rewarding outcomes: characterization with rapid event-related fMRI. Neuroimage., 18, 263-272.

Knutson, B. & Greer, S. M. (2008): Anticipatory affect: neural correlates and consequences for choice. Philos.Trans.R.Soc.Lond B Biol.Sci., 363, 3771-3786.

Knutson, B., Rick, S., Wimmer, G. E., Prelec, D., & Loewenstein, G. (2007): Neural predictors of purchases. Neuron, 53, 147-156.

Knutson, B., Wimmer, G. E., Kuhnen, C. M., & Winkielman, P. (2008a): Nucleus accumbens activation mediates the influence of reward cues on financial risk taking. Neuroreport, 19, 509-513.

Knutson, B., Wimmer, G. E., Rick, S., Hollon, N. G., Prelec, D., & Loewenstein, G. (2008b): Neural antecedents of the endowment effect. Neuron, 58, 814-822.

Koenigs, M. & Tranel, D. (2007): Irrational economic decision-making after ventromedial prefrontal damage: evidence from the Ultimatum Game. J.Neurosci., 27, 951-956.

Koenigs, M. & Tranel, D. (2008): Prefrontal cortex damage abolishes brand-cued changes in cola preference. Soc.Cogn Affect.Neurosci., 3, 1-6.

Koenigs, M., Young, L., Adolphs, R., Tranel, D., Cushman, F., Hauser, M. et al. (2007): Damage to the prefrontal cortex increases utilitarian moral judgements. Nature, 446, 908-911.

Kosfeld, M., Heinrichs, M., Zak, P. J., Fischbacher, U., & Fehr, E. (2005): Oxytocin increases trust in humans. Nature, 435, 673-676.

Krueger, F., Grafman, J., & McCabe, K. (2008): Neural correlates of economic game playing. Philos.Trans.R.Soc.Lond B Biol.Sci., 363, 3859-3874.

Kuhnen, C. M. & Knutson, B. (2005): The neural basis of financial risk taking. Neuron, 47, 763-770.

Loewenstein, G., Rick, S., & Cohen, J. D. (2008): Neuroeconomics. Annu.Rev.Psychol., 59, 647-672.

Loewenstein, G. F., Weber, E. U., Hsee, C. K., & Welch, N. (2001): Risk as feelings. Psychological Bulletin, 127, 267-286.

Marschner, A., Mell, T., Wartenburger, I., Villringer, A., Reischies, F. M., & Heekeren, H. R. (2005): Reward-based decision-making and aging. Brain Res.Bull., 67, 382-390.

McCabe, K., Houser, D., Ryan, L., Smith, V., & Trouard, T. (2001): A functional imaging study of cooperation in two-person reciprocal exchange. Proc.Natl.Acad.Sci.U.S.A, 98, 11832-11835.

McClure, S. M., Berns, G. S., & Montague, P. R. (2003): Temporal prediction errors in a passive learning task activate human striatum. Neuron, 38, 339-346.

McClure, S. M., Ericson, K. M., Laibson, D. I., Loewenstein, G., & Cohen, J. D. (2007): Time discounting for primary rewards. J.Neurosci., 27, 5796-5804.

McClure, S. M., Laibson, D. I., Loewenstein, G., & Cohen, J. D. (2004): Separate neural systems value immediate and delayed monetary rewards. Science, 306, 503-507.

Moll, J., Krueger, F., Zahn, R., Pardini, M., de Oliveira-Souza, R., & Grafman, J. (2006): Human fronto-mesolimbic networks guide decisions about charitable donation. Proc.Natl.Acad.Sci.U.S.A, 103, 15623-15628.

Morhenn, V. B., Park, J. W., Piper, E., & Zak, P. J. (2008): Monetary sacrifice among strangers is mediated by endogenous oxytocin release after physical contact. Evolution and Human Behavior, in press.

Nieuwenhuis, S., Heslenfeld, D. J., von Geusau, N. J., Mars, R. B., Holroyd, C. B., & Yeung, N. (2005): Activity in human reward-sensitive brain areas is strongly context dependent. Neuroimage, 25, 1302-1309.

Parker, K. J., Buckmaster, C. L., Schatzberg, A. F., & Lyons, D. M. (2005): Intranasal oxytocin administration attenuates the ACTH stress response in monkeys. Psychoneuroendocrinology, 30, 924-929.

Paulus, M. P. & Stein, M. B. (2006): An insular view of anxiety. Biol.Psychiatry, 60, 383-387.

Plassmann, H., O'Doherty, J., & Rangel, A. (2007): Orbitofrontal cortex encodes willingness to pay in everyday economic transactions. J.Neurosci., 27, 9984-9988.

Plassmann, H., O'Doherty, J., Shiv, B., & Rangel, A. (2008): Marketing actions can modulate neural representations of experienced pleasantness. Proc.Natl.Acad.Sci.U.S.A, 105, 1050-1054.

Platt, M. L. & Huettel, S. A. (2008): Risky business: the neuroeconomics of decision making under uncertainty. Nat.Neurosci., 11, 398-403.

Polezzi, D., Daum, I., Rubaltelli, E., Lotto, L., Civai, C., Sartori, G. et al. (2008): Mentalizing in economic decision-making. Behav.Brain Res., 190, 218-223.

Prelec, D. & Simester, D. (2001): Don´t leave home without it. Marketing Letters, 12, 5-12.

Rick, S. & Loewenstein, G. (2008): Intangibility in intertemporal choice. Philos.Trans.R.Soc.Lond B Biol.Sci., 363, 3813-3824.

Rilling, J. K., Sanfey, A. G., Aronson, J. A., Nystrom, L. E., & Cohen, J. D. (2004): Opposing BOLD responses to reciprocated and unreciprocated altruism in putative reward pathways. Neuroreport, 15, 2539-2543.

Samanez-Larkin, G. R., Gibbs, S. E., Khanna, K., Nielsen, L., Carstensen, L. L., & Knutson, B. (2007): Anticipation of monetary gain but not loss in healthy older adults. Nat.Neurosci., 10, 787-791.

Samanez-Larkin, G. R., Hollon, N. G., Carstensen, L. L., & Knutson, B. (2008): Individual differences in insular sensitivity during loss anticipation predict avoidance learning. Psychol.Sci., 19, 320-323.

Sanfey, A. G. (2007): Social decision-making: insights from game theory and neuroscience. Science, 318, 598-602.

Sanfey, A. G., Rilling, J. K., Aronson, J. A., Nystrom, L. E., & Cohen, J. D. (2003): The neural basis of economic decision-making in the Ultimatum Game. Science, 300, 1755-1758.

Saxe, R. & Haushofer, J. (2008): For love or money: a common neural currency for social and monetary reward. Neuron, 58, 164-165.

Singer, T., Kiebel, S. J., Winston, J. S., Dolan, R. J., & Frith, C. D. (2004): Brain responses to the acquired moral status of faces. Neuron, 41, 653-662.

Singer, T., Seymour, B., O'Doherty, J. P., Stephan, K. E., Dolan, R. J., & Frith, C. D. (2006): Empathic neural responses are modulated by the perceived fairness of others. Nature, 439, 466-469.

Tabibnia, G. & Lieberman, M. D. (2007): Fairness and cooperation are rewarding: evidence from social cognitive neuroscience. Ann.N.Y.Acad.Sci., 1118, 90-101.

Tabibnia, G., Satpute, A. B., & Lieberman, M. D. (2008): The sunny side of fairness: preference for fairness activates reward circuitry (and disregarding unfairness activates self-control circuitry). Psychol.Sci., 19, 339-347.

Takahashi, T. (2007): Economic decision-making in the ultimatum game by smokers. Neuro.Endocrinol.Lett., 28, 659-661.

Taylor, S. F., Martis, B., Fitzgerald, K. D., Welsh, R. C., Abelson, J. L., Liberzon, I. et al. (2006): Medial frontal cortex activity and loss-related responses to errors. J.Neurosci., 26, 4063-4070.

Thaler, R. (1980): Toward A Positive Theory of Consumer Choice. Journal of Economic Behavior & Organization, 1, 39-60.

Tobler, P. N., Christopoulos, G. I., O'Doherty, J. P., Dolan, R. J., & Schultz, W. (2008): Neuronal distortions of reward probability without choice. J.Neurosci., 28, 11703-11711.

Tom, S. M., Fox, C. R., Trepel, C., & Poldrack, R. A. (2007): The neural basis of loss aversion in decision-making under risk. Science, 315, 515-518.

Tomlin, D., Kayali, M. A., King-Casas, B., Anen, C., Camerer, C. F., Quartz, S. R. et al. (2006): Agent-specific responses in the cingulate cortex during economic exchanges. Science, 312, 1047-1050.

Tversky, A. & Kahneman, D. (1991): Loss Aversion in Riskless Choice: A Reference-Dependent Model. The Quarterly Journal of Economics, 106, 1039-1061.

Waber, R. L., Shiv, B., Carmon, Z., & Ariely, D. (2008): Commercial features of placebo and therapeutic efficacy. JAMA, 299, 1016-1017.

Weber, B., Aholt, A., Neuhaus, C., Trautner, P., Elger, C. E., & Teichert, T. (2007): Neural evidence for Reference-dependence in real-market-transactions. Neuroimage., 35, 441-447.

Young, L. J. & Wang, Z. (2004): The neurobiology of pair bonding. Nat.Neurosci., 7, 1048-1054.

Zak, P. J., Kurzban, R., & Matzner, W. T. (2005): Oxytocin is associated with human trustworthiness. Horm.Behav., 48, 522-527.

Zak, P. J., Stanton, A. A., & Ahmadi, S. (2007): Oxytocin increases generosity in humans. PLoS.ONE., 2, e1128.

Zink, C. F., Pagnoni, G., Martin-Skurski, M. E., Chappelow, J. C., & Berns, G. S. (2004): Human striatal responses to monetary reward depend on saliency. Neuron, 42, 509-517.

Zink, C. F., Tong, Y., Chen, Q., Bassett, D. S., Stein, J. L., & Meyer-Lindenberg, A. (2008): Know your place: neural processing of social hierarchy in humans. Neuron, 58, 273-283.

Literaturempfehlungen

Ariely D.: Denken hilft zwar, nützt aber nichts. Warum wir immer wieder unvernünftige Entscheidungen treffen, München 2008.

Asendorpf, Jens B.: Psychologie der Persönlichkeit. Grundlagen, Berlin 2004

Bauer, Joachim: Das Gedächtnis des Körpers. Wie Beziehungen und Lebensstile unsere Gene steuern, München 2005
Ders.: Prinzip Menschlichkeit. Warum wir von Natur aus kooperieren, München 2008.

Becker, A. u.a.(Hrsg.): Gene, Meme und Gehirne. Geist und Gesellschaft als Natur. Eine Debatte, Frankfurt/Main 2003

Belsky, Gary/Giloviche, Thomas: Why Smart People Make Big Money Mistakes and How to Correct Them. Lessons from the New Science of Behavioral Economics, New York 2000

Brockman, John (Hrsg.): Die nächsten fünfzig Jahre. Wie die Wissenschaft unser Leben verändert, München 2002

Buskamp, Franz-Josef: Mentale Börsenkompetenz. Investieren mit Fingerspitzengefühl, Wien 1999

Calvin, William H.: Die Sprache des Gehirns. Wie in unserem Bewußtsein Gedanken entstehen, München 2000
Ders.: Wie der Schamane den Mond stahl. Auf der Suche nach dem Wissen der Steinzeit, München 1996

Cialdini, Robert B.: Die Psychologie des Überzeugens. Ein Lehrbuch für alle, die ihren Mitmenschen und sich selbst auf die Schliche kommen wollen, Bern 2002

Crick, Francis: Was die Seele wirklich ist. Die naturwissenschaftliche Erforschung des Bewußtseins, Reinbek 1997

Damasio, Antonio R.: Ich fühle, also bin ich. Die Entschlüsselung des Bewusstseins, München 2002

Ders.: Descartes´Irrtum, München 1997
Ders.: Der Spinoza-Effekt, München 2003

Degen, Rolf: Lexikon der Psycho-Irrtümer. Warum der Mensch sich nicht therapieren, erziehen und beeinflussen lässt, München 2002

Dörner, Dietrich: Die Logik des Mißlingens. Strategisches Denken in komplexen Situationen, Reinbek 1993
Ders.: Bauplan für eine Seele, Reinbek 1999

Domning, Marc/Elger, Christian E./Rasel, André: Neurokommunikation im Eventmarketing. Wie die Wirkung von Events neurowissenschaftlich planbar wird, Wiesbaden 2009

Edelman, Gerald M./Tononi, Giulio: Gehirn und Geist. Wie aus Materie Bewusstsein entsteht, München 2002

Ekman, Paul: Gefühle lesen. Wie Sie Emotionen erkennen und richtig interpretieren, München 2007

Elger C. E.: Neuroleadership: Erkenntnisse der Hirnforschung für die Führung von Mitarbeitern, Planegg 2008

Frankl, Viktor E.: Der Mensch auf der Suche nach Sinn. Zur Rehumanisierung der Psychotherapie, Freiburg 1973
Ders.: Der Wille zum Sinn. Ausgewählte Vorträge über Logotherapie, München 1991
Ders.: Was nicht in meinen Büchern steht. Lebenserinnerungen, Weinheim 2002
Ders.: Ärztliche Seelsorge. Grundlagen der Logotherapie und Existenzanalyse. Zehn Thesen über die Person, Wien 2005

Friedman, David: Der ökonomische Code. Wie wirtschaftliches Denken unser Handeln bestimmt, München 2001

Fuchs, Helmut/Huber, Andreas: Die 16 Lebensmotive. Was uns wirklich antreibt, München 2002

Gardner, Howard: Changing Minds. The Art and Science of Changing Our Own and Other People's Minds, Boston/Massachusetts 2004

Giddens, Anthony: Soziologie, Graz 1999

Gigerenzer, Gerd: Adaptive Thinking. Rationality in the Real World, New York 2002

Gigerenzer, Gerd/Selten, Reinhard: Bounded Rationality. The Adaptive Toolbox, Cambridge/Massachusetts 2002

Gigerenzer, Gerd u.a.: Simple Heuristics That Make Us Smart, New York 2001

Gilovich, Thomas u.a.: Heuristics and Biases. The Psychology of Intuitive Judgement, New York 2002

Goldberg, Elkhonon: Die Regie im Gehirn. Wo wir Pläne schmieden und Entscheidungen treffen, Kirchzarten 2002

Goldberg, Joachim/von Nitzsch, Rüdiger: Behavioral Finance. Gewinnen mit Kompetenz, München 2000

Goleman, Daniel: Emotionale Intelligenz, München 1997

Häusel, Hans-Georg: Brain View. Warum Kunden kaufen, Planegg/München 2008

Hoffman, Donald D.: Visuelle Intelligenz. Wie die Welt im Kopf entsteht, München 2003

Hüther, Gerald: Die Macht der inneren Bilder. Wie Visionen das Gehirn, den Menschen und die Welt verändern, Göttingen 2005

Joas, Hans (Hrsg.): Lehrbuch der Soziologie, Frankfurt/Main 2001

Jünemann, Bernhard/Schellenberger, Dirk (Hrsg.): Psychologie für Börsenprofis. Die Macht der Gefühle bei der Geldanlage, Stuttgart 2000

Jung, C.G.: Die Beziehungen zwischen dem Ich und dem Unbewußten, München 2003

Ders.: Erinnerungen, Träume, Gedanken, Düsseldorf 2003

Jung, C.G. u.a.: Der Mensch und seine Symbole, Olten 1979

Kagan, Jerome: Die drei Grundirrtümer der Psychologie, Weinheim 2002
Ders.: Surprise, Uncertainty and Mental Structures, Cambridge/ Massachusets 2002

Kahneman, Daniel/Tversky, Amos: Choices, Values and Frames, New York 2002

Klare, Jean/van Swaaij, Louise: Atlas der Erlebniswelten, Frankfurt/ Main 2000

Klein, Gary: Natürliche Entscheidungsprozesse. Über die „Quellen der Macht", die unsere Entscheidungen lenken, Paderborn 2003

Klein, Stefan: Die Glücks-Formel oder Wie die guten Gefühle entstehen, Reinbek 2002

Der große Kostolany. Börsenseminar-Börsenpsychologie-Die besten Geldgeschichten, München 2000

Kotre, John: Lebenslauf und Lebenskunst. Über den Umgang mit der eigenen Biographie, München 2001

Le Bon, Gustave: Psychologie der Massen, Stuttgart 1982

Ledoux, Joseph: Das Netz der Gefühle. Wie Emotionen entstehen, München 2003

Lehmann, Frank: Wirtschaft. Worauf es wirklich ankommt, Hamburg 2002
Ders.: Wie stehen die Aktien? München 2001

Levine, Robert: Die große Verführung. Psychologie der Manipulation, München 2004

Maxeiner, Dirk/Miersch, Michael: Das Mephisto-Prinzip. Warum es besser ist, nicht gut zu sein, Frankfurt 2001

Medina J.: Brain Rules. 12 Principles for Surviving and Thriving at Work, Home, and School, Seattle 2008

Meier-Koll, Alfred: Wie groß ist Platons Höhle? Über die Innenwelten unseres Bewusstseins, Reinbek 2002

Mérö, László: Die Logik der Unvernunft. Spieltheorie und die Psychologie des Handelns, Reinbek 2003
Ders.: Die Grenzen der Vernunft. Kognition, Intuition und komplexes Denken, Reinbek 2002

Milgram, Stanley: Das Milgram-Experiment. Zur Gehorsamkeitsbereitschaft gegenüber Autorität, Reinbek 2001

Nörretranders, Tor: Spüre die Welt. Die Wissenschaft des Bewußtseins, Reinbek 2000

Ornstein, Robert: Die Evolution des Bewusstseins. Ursprünge und Perspektiven, Freiburg 1996

Peterson, Richard L.: Inside the Investor's Brain. The Power of Mind Over Money, Hoboken, New Jersey 2007

Pinker, Steven: Das unbeschriebene Blatt. Die moderne Leugnung der menschlichen Natur, Berlin 2003

Popper, Karl R./Eccles, John C.: Das Ich und sein Gehirn, München 2002

Ramachandran, Vilaynur S./Blakeslee, Sandra: Die blinde Frau, die sehen kann. Rätselhafte Phänomene unseres Bewusstseins, Reinbek 2002

Ridley, Matt: Nature via nurture. Genes, experience and what makes us human, London 2004

Rose, Steven: Gehirn, Gedächtnis und Bewußtsein. Eine Reise zum Mittelpunkt des Menschseins, Bergisch Gladbach 2000

Roth, Gerhard: Das Gehirn und seine Wirklichkeit. Kognitive Neurobiologie und ihre philosophischen Konsequenzen, Frankfurt 1997
Ders.: Fühlen, Denken, Handeln, Frankfurt/Main 2001

Sacks, Oliver: Eine Anthropologin auf dem Mars. Sieben paradoxe Geschichten, Reinbek 2003

Schacter, Daniel: Wir sind Erinnerung. Gedächtnis und Persönlichkeit, Reinbek 2001

Scheier, Dr. Christian/Held, Dirk: Was Marken erfolgreich macht. Neuropsychologie in der Markenführung, Planegg/München 2008

Schmeh, Klaus: Die 55 größten Flops der Wirtschaftsgeschichte. Krimis, Krisen, Kuriositäten, Frankfurt 2002

Schmidbauer, Wolfgang; Lexikon Psychologie, Reinbek 2001

Schnabel, Ulrich/Sentker, Andreas: Wie kommt die Welt in den Kopf? Reise durch die Werkstätten der Bewußtseinsforscher, Reinbek 1997

Schulte, Günter: Neuromythen. Das Gehirn als Mind Machine und Versteck des Geistes, Frankfurt/Main 2001

Schulze, Gerhard: Die Erlebnisgesellschaft. Kultursoziologie der Gegenwart, Frankfurt/Main 1993

Schwarz F.: Der Griff nach dem Gehirn. Wie Neurowissenschaftler unser Leben verändern, Reinbek 2007.
Ders.: Wenn das Reptil ins Lenkrad greift. Warum Gesellschaft, Wirtschaft und Politik nicht den Regeln der Vernunft gehorchen, Reinbek 2004.
Ders.: Muster im Kopf. Warum wir denken, was wir denken, Reinbek 2006.

Singer, Wolf: Der Beobachter im Gehirn. Essays zur Hirnforschung, Frankfurt/Main 2002

Ders.: Ein neues Menschenbild? Gespräche über Hirnforschung, Frankfurt/Main 2003

Solms M., Turnbull O.: Das Gehirn und die innere Welt. Neurowissenschaft und Psychoanalyse, Düsseldorf 2007.

Strogatz, Steven: Synchron. Vom rätselhaften Rhythmus der Natur, Berlin 2004

Stumm, Gerhard/Pritz, Alfred (Hrsg.): Wörterbuch der Psychotherapie, Frankfurt/Main 2000

Urban, Martin: Wie die Welt im Kopf entsteht. Von der Kunst, sich eine Illusion zu machen, Frankfurt/Main 2002

Watzlawick, Paul (Hrsg.): Die erfundene Wirklichkeit. Wie wissen wir, was wir zu wissen glauben? München 1981

Watzlawick, Paul u.a.: Menschliche Kommunikation. Formen, Störungen, Paradoxien, Bern 1971

Watzlawick, Paul/Nardone Giorgio (Hrsg.): Kurzzeittherapie und Wirklichkeit. Eine Einführung, München 2003

Wegner, Daniel M.: The Illusion of Conscious Will, Cambridge/Massachusetts 2002

Zaltman, Gerald: How Costumers Think. Essential Insights into the Mind of the Market, Boston/Massachusetts 2003

Zimbardo, Philip G./Gerrig, Richard J.: Psychologie, Berlin 1999

Zweig, Jason: Gier. Neuroökonomie: Wie wir ticken, wenn es ums Geld geht, München 2007

Stichwortverzeichnis

Ablehnung 60
Affe 41
Aktie 17
Aktienbesitzer 28
Aktienfonds 191
Aktienhandel 196
Altersvorsorge 88
altruistisches Bestrafen 59
altruistisches Verhalten 58
always cooperate 66
always defect 66
Ambiguity Aversion 146
Amygdala 29, 37, 54, 56, 115, 119,
    127, 205, 213
Analysten 150
Angst 11, 16, 162, 163, 191, 210
Anker 149
Ankereffekt 138
Ankerpreise 160
Anlageverhalten 22
Anleger 148
Anpassung 209
Ariely, Dan 77, 82, 103
Außenseiterposition 194
Autorität 232

Banken 182, 185, 189
Bedürfnisbefriedigung 112
begrenzte Rationalität 50
Behavioral Economics 27, 35, 146,
    213
Behavioral Finance 35, 213
Behavioral Finance Bewegung 26
Belohnung 125
Belohnungssystem 44, 54, 59, 131,
    157, 158, 163, 169, 183, 196
Belohnungszentrum 126
Besitztumseffekt 83, 139

Bestrafer 65
Bewusstsein 229
bildgebende Verfahren 213
Blood Oxygen Level Dependency 115
BOLD-Signal 115, 214
Börse 17, 73, 85, 86, 133, 145, 148,
    196
- Psychologie der 24
Börsencrash 19
Börsenmakler 86
Börsenregeln 196
Börsentricks 24
Bossaerts, Peter 85
bounded rationality 50
Bourdieu, Pierre 113
BVI 122, 183

Call-Optionen 153
Camerer 60
Collar-Strategie 14
Computertomografie 214

Dachfonds 191
Dagobert-Duck-Syndrom 109
Daytrader 147
De La Vega 24
demonstrativer Konsum 111
Diktatorspiel 58
Direktbanken 182
Dopamin 128
Dörner, Dietrich 208
Dotcom-Firmen 19
Dresher, Melvin 63

Easterlin, Richard 31
Easterlin-Paradox 31
Eigenheim 136
Eisenbahnaktien 20

Stichwortverzeichnis

Eisenbahnbau 21
Eisenbahnwaggon-Dilemma 69
Ellsberg, Daniel 32
Ellsberg-Paradoxon 32
emotionales System 157, 162, 196
Emotionen 81, 121, 127, 143, 196,
   201, 231
Emotionszentren 42
Empathie 58
Endowment-Effekt 83, 138, 140
Entscheidungen 94, 121, 230, 231
- bewerten 94
Entscheidungen unter „falscher
   Sicherheit" 98
Entscheidungen unter Risiko 99
Entscheidungen unter Sicherheit 97
Entscheidungen unter Ungewissheit
   100
Entscheidungen unter Unsicherheit
   99
Entscheidungsprozess 28
Entscheidungssystem 157, 168, 183,
   196, 210
Epilepsie 42
Erfahrungen 122
Erfolgserlebnisse 203
Ericsson, Peter 43
Erinnerungen 231
Erwartenstheorie 102
Erwartungen 45, 121, 138, 162
Erwartungstheorie 107
Existenzangst 164
Existenzsicherung 88

Fairness 60
Fehr 60
Financial Community 181
Finanzanalysten 145
Finanzberater 188
- Fehler 188

Finanz-Kompetenz 90
Finanzkrise 12, 45, 136
Finanzmarketing 180
Finanzmarktkrise 86
Finanzpsychologie 23, 26, 214
Finanzvermittler 189
Firmenübernahmen 142
Flood, Merrill 63
Fluchtreaktion 163
Fondsmanager 70, 145
Fondsverwalter 13
Forschung, interdisziplinäre 27
Framing 106, 118
Framing-Effekt 105
Frustration 163
Furcht 162, 163

Gardner 229
Gedächtnissystem 157, 166, 184,
   196, 209
Gedanken 228, 231
Gefangenen-Dilemma 63, 64, 79
Gefühle 53, 231
Geiz 110
Geizhals 109
Geld 53, 75, 77, 81, 88
- Umgang mit 93
Geldanlagen 91, 126, 133, 188
Geldentscheidungen 157
Gene 228
Genossenschaftsbanken 182
Gesellschaft 228
Gewinne 54
Gewöhnung 209
Gier 11, 16, 127, 169, 170, 191
Glücksforschung 199
gradual 66
Greenspan, Stephen 14
Groll 65
Großanleger 27

236

Stichwortverzeichnis

Habgier 109, 129
Habsucht 127
Hedgefonds 13, 152
Heimatfalle 153
Herdentrieb 15, 148
Heuristik 29
Hippocampus 202, 214
Hirnforschung 233, 234
Home bias 153
Homo oeconomicus 35, 49, 169
Homo reciprocans 35, 49
Hyperbolic time discounting 124
hyperirrational 71

Immobilie 137
Immobilienbesitz 133, 171
Immobilienkrise 99
Informationen 151
Inselrinde 115
Insula 115, 169, 215
Intelligenz 230
Introspektionsfähigkeit 41
Investment-Banker 13, 82, 145
Investmentfondsbesitzer 122
Investor Relations 181
Investoren 181

Kahneman, Daniel 17, 28, 83, 199
Kapitalanlagen 167, 194
Kapitalanleger 13
Kapitalbesitzer 141, 143
Kapitalgeber 144
Kapitallebensversicherung 120
Katona, George 27
kaufen 114
Kaufentscheidung 109, 114
Kaufverhalten 82
Klein 231
Kleinaktionäre 185
Kleinanleger 27

Kleinsparer 21
Knauff, Markus 86
Knutson, Brian 139, 169
Kommunikation 41
Kompetenzillusion 152
Konsumenten 176
Konsumentenkredite 171
Kontrolle 98
Kontrollmöglichkeiten 193
Kooperation 63
kooperatives Verhalten 61
Kostolany, André 24
Krisenzeiten 207, 210
Kurserwartungen 152
Kursrichtungen 147
Kursschwankungen 147

Langfristigkeit 194
Le Bon, Gustave 24
Lebensmotive 229
Lebensstandard 89
Leerverkäufe 152
Levine 231
limbisches System 125
Logik 229, 232
Logo 178
Lynch, Merrill 28

Madoff, Bernhard 11, 12
Magnetresonanztomografie 35, 54,
   81, 114
- funktionelle 37, 214
Mandelkern 54, 56
Marktforschung 177
Master-and-Servant 67, 79
Meme 228
mentale Buchführung 31
Misstrauen 65
Mistrust 65

237

Stichwortverzeichnis

NASDAQ 13
Nervenzellen 41
Neuer Markt 19
Neurobiologie 233
Neuroeconomics 27, 176
Neurofinance 23, 33, 215
- sechs neue Regeln 196
Neurogenese, adulte 43
Neuromarketing 159, 175, 176, 184, 192
Neuroökonomie 23, 29, 53, 215
- Entstehung 29
Neurowissenschaften 23
Newsseeker 47
Nucleus accumbens 54, 56, 127, 169, 215

Ökonomie 23, 97
ökonomischer Betrug 80
Opfer 89
Opinion Leader 181
Outlet-Center 160

Panik 162, 165, 210
Pareto, Vilfredo 25
Pavlov 65
per kind 66
per nasty 66
Persönlichkeit 228, 233
positiv denken 200
präfrontaler Cortex 54, 56, 71, 127, 168, 215
Prestige 110
Prion, Willi 24
Privatanleger 149
Privatvermögen 134
Prober 65
Prognosen 150
Psychologie 23, 228, 231, 232, 233, 234

Punisher 65

Raiffeisenbanken 182
RAND Corporation 63
Random 66
Rationalität, begrenzte 50
Referenzrahmen 121, 123
Rente 121
Risiko 28, 107
Risikoabschätzungsareale 85
Ruhestand 120

Sammler 138
Sanierer 65
Schacter 233
Schmölders, Günther 26
Schulden 171
Schulz-Hardt, Stefan 26
Selbstreflexion 204
Sensationsseeker 47
Sicherheit
- Entscheidungen unter 97
Silver Ager 120
Simon, Herbert Alexander 50
Singer 233
Sinn 229
Smith, Adam 49
South Sea Bubble 19
South Sea Trading Company 19
Sozialbetrug 80
soziale Beziehungen 77
sparen 109, 112
Sparer 109
Sparkassen 182
Sparsamkeit 110
Spekulationen 18
Spekulationsobjekt 18
Spite 65
Start-up-Unternehmen 144
Sterbegeldversicherungen 120

strategic fairness 60
Stress 121, 122
Sucht 128
Synapsen 41, 43, 202
Systematische Kognitionsprobleme
30

Tarde, Gabriel 24
Tauschgeschäfte 140
Termindruck 111
Testimonial-Werbung 180
Thaler, Richard 83
Themen der Behavorial Economics
29
Tit-for-tat 65
Tit-for-two-tat 65
Trader 148
Trugschluss des Spielers 30
Tulpenzwiebelhandel 18
Tversky, Amos 28

Überschuldung 171
überzogenes Selbstvertrauen 102
Ultimatumspiel 60, 71
Underdog 89
Ungewissheit 107, 146
Universalbanken 182
Unsicherheit 28, 121
Unternehmer 141

Veblen, Thorstein 110
Veränderungen 104
Vergangenheit 17
Verhaltensforschung 23
Verhaltensökonomie 27, 53
Verlustangst 164, 169, 170

Verlust-Aversionen 105
Verluste 54
Vermögensbildung 89
Vermögensverwalter 13, 70, 145
Verrat 63
Versicherungen 189
Vertrauen 11, 16, 98, 191
Vertrauensmissbrauch 61
Vertrauensspiel 61
Verzicht 112
Volatilität 147
Volksbanken 182
Vorabinformationen 46, 185
Vorfreude 162, 200
Vorhersagen 45, 150, 204

Wahrnehmung 46
Wallraff, Günther 155
Watzlawick, Paul 234
Wechselbörsen 17
Weltwirtschaftsgipfel 208
Weltwirtschaftskrise 17, 99
Werbung 176, 178
- Testimonial- 180
Wertesystem 130
willingness-to-pay 117
Wirklichkeit 233, 234
Wissen 228
Wohlstandsmehrung 88
Wut 162, 163, 210

Zeitdruck 122
Zeithorizont 109
Zeitknappheit 111
Zeitpräferenz 113, 119, 121, 124